NaturDetektive
Bundesamt für Naturschutz

W0247091

Schmetterlinge

Text von Birgit Kuhn
mit Illustrationen von Ilonka Baberg

circon

Text: Birgit Kuhn
Illustrationen: Ilonka Baberg
Redaktion: Lea Schmid
Fachredaktion: Bundesamt für Naturschutz und Dr. Heidi Schooltink
Produktion: Ute Hausleiter
Abbildungen: siehe Bildnachweis S. 95
Titelabbildungen: stock.adobe.com: Petr Caska (großes Bild); shutterstock.com: musicman (Lupe),
Anastasiia Guseva (Strukturhintergrund); U4: shutterstock.com: Panptys (Schere)
Gestaltung: zweiband.media, Berlin
Umschlaggestaltung: zweiband.media, Berlin

ISBN 978-3-8174-1902-9
381741902/1

Besuchen Sie uns auf Instagram und Facebook: circonverlag

www.circonverlag.de

Hallo an alle großen und kleinen Naturdetektive!

Es gibt Schmetterlinge, die wie die Zugvögel im Sommer zu uns wandern. Totenkopfschwärmer stoßen einen lauten Quietschlaut aus, wenn sie angegriffen werden. Kohlweißlinge werden nicht von Vögeln gefressen, weil sie giftig sind. Und einige Schmetterlinge bilden im Winter sogar ein körpereigenes Frostschutzmittel.

Jede Schmetterlingsexpedition will gut vorbereitet sein, und da kommen die vielen spannenden Informationen aus diesem Buch ins Spiel. Schmecken Schmetterlinge mit ihren Vorderfüßen? Wie wehrt sich das Tagpfauenauge gegen seine Fressfeinde?

Mit diesem spannenden Naturführer lassen sich nicht nur Admiral, Trauermantel und Tagpfauenauge voneinander unterscheiden, hier findet ihr auch jede Menge Spiel, Spaß und super Aktionen mit und in der Natur!

Noch mehr Spiele, Naturerforschungstipps und Wettbewerbe, bei denen es tolle Preise zu gewinnen gibt, findet ihr im Internet unter www.naturdetektive.de, einem Projekt des Bundesamtes für Naturschutz. Jeder kann mitmachen! Also, schaut einfach mal vorbei!

Eure

Beate Jessel
Präsidentin des Bundesamtes für Naturschutz

Inhalt

Einführung

Sommer, Sonne, Schmetterlinge! Schmetterlinge sind in der warmen Jahreszeit echte Hingucker! In diesem Buch findest du eine Auswahl von Schmetterlingen beziehungsweise Faltern, die du in Mitteleuropa beobachten kannst.

Welcher Schmetterling fliegt hier? Was für eine Raupe ist das? Das Buch hilft dir, die Tiere zu bestimmen und mehr über ihre Lebensweise zu erfahren. Doch es geht nicht nur um die Falter! Der Lebenszyklus von Schmetterlingen umfasst verschiedene Entwicklungsstadien. Welche Raupe gehört zu welchem Schmetterling? Auch darüber findest du in jedem Tierporträt Hinweise.

Falter beobachten und bestimmen

Wie kannst du einen Schmetterling bestimmen? Sieh ihn genau an: Wie groß ist er? Wie sind die Flügel gefärbt? Welches Muster haben sie auf der Oberseite, welches auf der Unterseite? Hält er die Flügel in Ruhestellung offen oder geschlossen? Wo, das heißt an welchen Pflanzen und in welcher Umgebung, hast du den Falter gefunden? Wie fliegt er? Diese Merkmale sind in den Tierporträts erwähnt und helfen dir, die verschiedenen Falter voneinander zu unterscheiden.

Die Esparsetten-Widderchen zählen zu den tagaktiven Nachtfaltern.

Schau genau hin, wenn du eine Raupe beobachten möchtest; sie sind oft gut getarnt.

Praktische Hilfsmittel

Mit einem Fernglas kannst du Schmetterlinge aus einigen Metern Entfernung detailgenau beobachten. Nützlich ist auch eine Digitalkamera oder ein Smartphone: Fotografier die Tiere und schau sie dir später am Tablet oder am PC an!

Mit einem Fernglas kannst du Schmetterlinge beobachten, ohne sie zu stören.

Vorsicht, empfindlich!

Schmetterlinge mit einem Kescher zu fangen und sie zu sammeln ist nur Wissenschaftlern, sogenannten Falterforschern, erlaubt. Sehr viele Arten, allein 80 Prozent der heimischen Tagfalterarten, stehen auf der Roten Liste der gefährdeten Tierarten!

Falter oder Schmetterling?

Welcher Begriff ist richtig? Beide! Der Begriff „Schmetterling" stammt von dem ostmitteldeutschen Wort „Schmetten", was so viel wie „Rahm" oder „Schmand" bedeutet.

„Schmetterling" ist der Oberbegriff für alle Gruppen von **Schuppenflüglern.** Bei uns in Mitteleuropa leben circa 3.700 verschiedene Schmetterlingsarten, weltweit sind es etwa 150.000.

Schmetterlinge – eine Ordnung der Insekten

Viele Falter tragen Augenflecken auf ihren Flügeln, an denen du sie von anderen Faltern unterscheiden kannst.

Schmetterlinge gehören zu den Insekten. Typisch für Insekten ist die Gliederung des Körpers in Kopf, Brust und Hinterleib; dazu kommen drei Beinpaare. Ferner haben Insekten ein Außenskelett.

Schmetterlinge unterscheiden sich von anderen Insekten durch folgende Merkmale:

- Schuppen: Bei vielen Schmetterlingen sind nicht nur die Flügel, sondern der gesamte Körper von Schuppen bedeckt.
- Saugrüssel: Schmetterlinge können ihren Saugrüssel aufrollen.
- Schmetterlinge haben an den Vorderfüßen Geschmacksorgane, mit denen sie 1000-mal besser riechen können als wir Menschen.

Schmetterlinge besitzen einen langen Rüssel, mit dem sie zum Beispiel Nektar saugen können.

Tagfalter und Nachtfalter

Auch wenn die Unterscheidung wissenschaftlich nicht ganz korrekt ist, werden Falter beziehungsweise Schmetterlinge historisch bedingt in Tag- und Nachtfalter unterteilt. Die Falter fliegen nicht nur zu unterschiedlichen Zeiten – von einigen oben erwähnten Ausnahmen abgesehen –, es gibt außerdem Unterschiede im Körperbau und in der Färbung: Tagfalter sind in der Regel farbenprächtiger als Nachtfalter, die häufig eine grau-braune Tarnfärbung besitzen. Tagsüber sind Nachtfalter daher fast unsichtbar. Tagfalter halten ihre Flügel in Ruhestellung nach oben zusammengeklappt, während Nachtfalter sie meist flach über dem Rücken tragen.

Tagfalter tragen ihre Flügel in Ruheposition nach oben geklappt.

Nachtfalter tragen ihre Flügel in Ruheposition flach über dem Rücken.

Dabei ist nur die Flügeloberseite der Vorderflügel sichtbar, die Hinterflügel sind verdeckt. Der Körper der
Nachtfalter ist oft behaart.
Dadurch werden die Ultra-
schall-Laute, die die Fledermäuse bei der Jagd ausstoßen,
schlechter reflektiert und die
Falter sind besser vor ihren
Fressfeinden geschützt.

Viele Nachtfalter sind durch ihre unauffällige Flügelfärbung
fast unsichtbar.

Der Lebenszyklus der Schmetterlinge

Schmetterlinge legen Eier. Aus den Schmetterlingseiern schlüpfen Raupen. Diese
müssen sich Energiereserven anfressen, sodass sie fast ununterbrochen auf Nah-
rungssuche sind. Kein Wunder also, dass sie immer größer werden und sich mehrmals häuten. Nach der letzten Häutung verpuppen sich Schmetterlinge. Sie bilden
dann eine Puppenhaut oder einen Kokon, in dem die Raupe sich innerhalb von
Wochen oder Monaten in einen
Schmetterling verwandelt. Diese
Verwandlung, die von Hormonen
gesteuert wird, nennt man Metamorphose. Eine Metamorphose
durchlaufen auch noch andere Insekten, zum Beispiel Käfer, und es
gibt sie – in etwas anderer Form –
auch bei den Amphibien, zum
Beispiel Fröschen. Bei den Schmetterlingen findet eine vollkommene
Metamorphose statt, das heißt,
die Körperstrukturen der Raupe
werden komplett abgebaut und es
bildet sich der völlig andersartige
Körper des Schmetterlings.

Schmetterlingspaarung

Viele Schmetterlingsarten leben nur sehr kurz, das heißt wenige Tage. Manche können nicht einmal Nahrung zu sich nehmen, da ihr Saugrüssel zurückgebildet ist. Ihr „Erwachsenenstadium" als Schmetterling dient nur der Fortpflanzung. Andere Arten, zum Beispiel der Zitronenfalter, leben mehrere Monate und überwintern als Falter. Sie legen mehrmals in der warmen Jahreszeit Eier und nehmen immer wieder Nahrung zu sich.

Wanderfalter

Wanderfalter sind die „Zugvögel" unter den Schmetterlingen. Jedes Jahr kommen aus Nordafrika und Südeuropa bestimmte Falter über die Alpen, um sich im Sommer in unseren Breiten fortzupflanzen. Wanderfalter in Mitteleuropa sind Admiral (S. 15), Distelfalter (S. 18), Postillon (S. 42), Gammaeule (S. 63), Taubenschwänzchen (S. 69) und Totenkopfschwärmer (S. 70).

Ein Admiral mit abgeflogenen Flügeln

Vielleicht ist dir schon einmal aufgefallen, dass manche Wanderfalter blasser gefärbt sind als andere? Das liegt daran, dass den bei uns aus dem Süden ankommenden Faltern die Strapazen ihrer langen Reise anzusehen sind: Die Farbschuppen sind verblasst und ihre Flügel teilweise ausgefranst und zerfetzt. Die Flügel der bei uns aufgewachsenen Falter sind leuchtender gefärbt. Achte darauf, wenn du das nächste Mal zum Beispiel einen Admiral oder einen Distelfalter siehst, vielleicht fällt dir ein Unterschied auf.

Der Postillon gehört zu den Wanderfaltern.

Schmetterlinge schützen

Leg einen Schmetterlingsgarten an: Naturnahe, blütenreiche Gärten mit heimischen Pflanzen sind der ideale Lebensraum für Schmetterlinge: Hier können sie ihre Eier ablegen, hier haben sie und ihre Raupen eine reiche Auswahl an Futter.

Besonders anziehend zum Beispiel für den Kohlweißling oder den Schwalbenschwanz sind unter anderem Johanniskraut, Wiesen-Knöterich, Wiesen-Schaumkraut, Sommerflieder, Kugeldistel, Fetthenne-Arten und Herbstaster.

Viele Pflanzen, die von uns als Unkraut angesehen werden, sind für die Raupen vieler Tagfalter überlebenswichtig. Die Brennnessel ist zum Beispiel Nahrung für die Raupen von Tagpfauenauge, C-Falter, Admiral, Landkärtchen und Kleinem Fuchs.

Wie der Name schon sagt, gehört die Distel zu den bevorzugten Futterpflanzen des Distelfalters.

Willst du ein echter Naturdetektiv werden?

Dann informier dich auch im Internet unter www.naturdetektive.de. Dort findest du Hinweise zum Projekt „Naturdetektive" des Bundesamtes für Naturschutz und viele spannende Auskünfte über unsere heimische Tier- und Pflanzenwelt. Mach mit und erkunde die Natur!

NaturDetektive
Bundesamt für Naturschutz

Begriffserklärungen aus der Schmetterlingswelt

Band: Streifen oder Linie auf den Flügeln.

Flügelauge/Augenflecken: Auffällige große Flecken auf den Flügeln, die an Augen erinnern und Fressfeinde abschrecken sollen. Ob die Flecken von anderen Tieren als Augen wahrgenommen werden, ist fraglich. Es kommt vor allem darauf an, dass der Fressfeind von dem Anblick überrascht ist und zurückschreckt. Kleinere Augenflecken werden von Fressfeinden, wie Vögeln, für Falteraugen gehalten und mit dem Schnabel angepickt. Der Flügel reißt aus, aber der Falter kann mit leichten Blessuren flüchten.

Flügelspannweite: Maximaler Abstand zwischen den Flügelspitzen.

Generation: Eine Generation umfasst alle Lebewesen/Nachkommen, die in einem bestimmten Zeitabschnitt geboren wurden (beim Menschen zum Beispiel Großeltern, Eltern, Kind).

Häutung: Während die Raupen heranwachsen, streifen sie meist mehrmals ihre Haut ab, das heißt, sie häuten sich. Dabei kommt es vor, dass sie ihre Farbe verändern.

Kokon: Gespinst aus feinen Seidenfäden, mit dem sich die Raupe umgibt, um sich im Puppenstadium in einen Falter zu verwandeln.

Metamorphose: Verwandlung oder Umwandlung des Körpers. Im Puppenstadium der Schmetterlinge vollzieht sich eine vollkommene Metamorphose: Die Körperstrukturen der Raupe werden komplett aufgelöst; es bildet sich der Körper des Schmetterlings.

Nachtfalter: Meist grau-braunschwarz-beige gefärbte Schmetterlinge mit einem dicken behaarten Körper, der die Ultraschalllaute der Fledermäuse (Fressfeinde) schlecht reflektiert. In Ruhestellung legen Nachtfalter ihre Flügel meist dachförmig über den Rücken, sodass nur die Flügeloberseite der Vorderflügel sichtbar ist.

Puppe: Entwicklungsstadium eines Falters, das zwischen dem Raupenstadium und dem Schmetterlingsstadium liegt. Das Puppenstadium ist das Ruhestadium des Falters.

Raupe: Entwicklungsstadium eines Falters, das zwischen dem Ei und dem Puppenstadium liegt. Aus dem Ei schlüpfen Raupen, die sich nach mehreren Häutungen in einen Kokon einspinnen.

Tagfalter: Farbenprächtige tagaktive Schmetterlinge, die in der Ruhestellung ihre Flügel über dem Rücken nach oben klappen. Die Flügelunterseite ist sichtbar.

Tarnung: Optische Anpassung an die Umgebung. Tiere, die Fressfeinde haben, können leichter überleben, wenn sie in der Umgebung, in der sie leben, nicht auffallen. Je „unsichtbarer" sie sind, umso besser ist die Tarnung.

Wanderfalter: Schmetterlinge, die im Frühjahr aus Nordafrika und Südeuropa über die Alpen kommen, um sich in unseren Breiten fortzupflanzen.

Erklärung der Symbole

In diesem Buch findest du bei jedem Schmetterling Symbole, mit deren Hilfe du dich schneller zurechtfindest.

Die Lupe steht für wichtige Merkmale der Tiere, anhand derer du sie bestimmen kannst.

Der Schmetterling zeigt dir, wie weit die Flügelspannweite des Falters ist (maximaler Abstand zwischen den Flügelspitzen).

Die Raupe steht für die Größe der Raupe des Falters.

Der fliegende Schmetterling sagt dir, wann die Flugzeit des Falters ist.

Tagfalter

Admiral

🔍 Der Admiral – sein Name deutet es schon an – ist einer der größten und eindrucksvollsten Falter: Seine Grundfarben sind Schwarz und Rot. Ein rotes Band zieht sich quer über die Vorderflügel, ein zweites Band befindet sich unten an den Hinterflügeln. So entsteht der Eindruck eines Rings. Dazu kommen weiße Flecken an den Vorderflügeln und ein blauer Punkt unten an den Hinterflügeln. In Ruhestellung, wenn die Flügel zusammengeklappt sind, zeigen Admirale ihre Flügelunterseiten: Sie sind grau-braun und haben einen rosafarbenen Streifen.

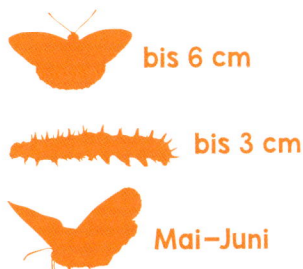

bis 6 cm

bis 3 cm

Mai–Juni

Überflieger

Auf seinen Wanderungen überquert der Admiral die Alpen, wobei er bis in eine Höhe von 2500 Metern aufsteigen kann. Stichwort „aufsteigen": Bei kleineren Hindernissen wie etwa Häusern macht er nicht etwa einen Bogen, er fliegt über sie hinweg!

Der Admiral kommt in den warmen Monaten in ganz Europa vor, ausgenommen Mittel- und Nordskandinavien. Dabei ist er in Parks, Gärten und überall dort anzutreffen, wo Brennnesseln wachsen, denn seine Raupen ernähren sich von Brennnesseln.

Die Raupe des Admirals ernährt sich ausschließlich von der Großen Brennnessel.

Die Falter hingegen ernähren sich von Wasserdost, Fetthenne, Herbstastern und Fallobst. Die kalten Monate verbringt der Admiral im Süden Europas und in Nordafrika.

Die roten Bänder des Admirals heben sich deutlich von seinen schwarzen Flügeln ab.

Brauner Waldvogel

Schon der Name deutet darauf hin: Der Braune Waldvogel ist ein dunkel gefärbter Schmetterling. Während der Körper und die Flügel beim Männchen fast schwarz sind, ist die Farbe der Weibchen etwas heller, braun eben. Beim Weibchen treten deshalb auch die hell umrandeten Augenflecken deutlicher hervor. Beiden gemeinsam ist die feine weiße Umrandung der Flügel. Die Augenattrappen auf den Flügeln retten manch Braunen Waldvogel davor, von einem Vogel gefressen zu werden. Der Vogel pickt, in der Annahme, er träfe die Falteraugen, Flügelteile heraus, und der Falter kann leicht verletzt entkommen.

 3,5–4 cm

 bis 2,5 cm

Mitte Juni–Ende August

Der Braune Waldvogel ist im ganzen Gebiet zwischen Südskandinavien und Südeuropa verbreitet. Dort findest du ihn häufig an Waldrändern und an frei stehenden Hecken. Braune Waldvögel fliegen oft in Gruppen, wobei sie den Anschein erwecken, als würden sie durch die Luft torkeln. Am leichtesten kannst du sie bei Sonnenschein beobachten: Dann lassen sie sich gern auf Baldrian- und Thymianblüten sowie Geiskraut-Wasserdostblüten nieder. Dort sitzen sie dann mit zusammengeklappten Flügeln. Wenn es kühler ist, öffnen sie die Flügel.

Erstaunlich!

Die Flugzeit der Braunen Waldvögel ist recht unterschiedlich: Obwohl es im Oberrheintal im Frühling sehr viel früher warm wird und die Winter weit weniger streng sind, sind die Falter dort ein bis zwei Wochen später unterwegs als im benachbarten Schwarzwald-Gebiet, das für sein kühles und raues Klima bekannt ist.

Paarung: Das dunkler gefärbte Männchen ist deutlich vom helleren Weibchen zu unterscheiden.

C-Falter

Den C-Falter erkennst du leicht an der Flügelform und der Flügelzeichnung: Die Vorderflügel sind sehr viel ausladender als die Hinterflügel, dazu kommen die gezackten Ränder. Die Flügeloberseiten sind orange mit schwarzen Flecken. Die Flügelunterseiten sind braungelblich mit je einem weißen C-förmigen Fleck – daher auch der Name. Ähnlich auffällig ist die Raupe, die wie der Schmetterling rot und schwarz gefärbt ist. Der hintere Teil des Körpers ist weiß! Die Raupe ahmt durch ihre Färbung Vogelkot nach, um sich vor Fressfeinden zu schützen.

 **bis 5 cm**

 **bis 3,5 cm**

 **Februar–Oktober**

Auf der Flügelunterseite kannst du einen weißen C-förmigen Fleck erkennen.

Der C-Falter ist in Mittel- und Südeuropa, im Süden Nordeuropas und auf dem Balkan recht häufig. Du findest ihn an Waldrändern. Dort ernähren sich die Raupen von den Blättern der Salweide, Haselnuss und Ulme sowie von Brennnesseln. Die Falter saugen auch gerne an Obst.

Schneller brüten

Das C-Falter-Weibchen legt seine Eier im zeitigen Frühjahr. Ein Teil davon entwickelt sich in wenigen Wochen zu Faltern, die sofort wieder Eier legen; der Rest der Eier wächst langsamer heran. Die Nachkommen der zweiten Generation entwickeln sich zusammen mit den langsam wachsenden Raupen der ersten Generation.

Distelfalter

Der Distelfalter ist ein schnell fliegender, großer Falter. Wenn er sich auf einer Blüte niederlässt, sind seine Flügel meist geöffnet. Dann erkennst du ihn an seinen breit ausladenden, lang gezogenen Vorderflügeln. Die Grundfarbe der Flügeloberseiten ist Orange mit schwarzen Flecken; die Flügelspitzen der Vorderflügel tragen jeweils weiße Flecken auf schwarzem Grund. Die Flügelunterseiten sind grau-braun marmoriert mit je einem roten Fleck. Die Raupe des Distelfalters trägt Dornen auf dem Rücken. Ihre Grundfarbe ist Grau-Braun. Zwischen ihren Dornen ist sie gelb gefärbt.

 4,5–6 cm

 bis 3 cm

Mai–Juni

Siehst du die gelben Flecken?

Der Distelfalter ist ein Wanderfalter, der nur in der warmen Jahreszeit in Mitteleuropa und im Süden Skandinaviens lebt. Ganzjährig ist er in Südeuropa und Nordafrika zu Hause. Die Hauptnahrung der Raupen und des Falters sind Disteln beziehungsweise der Nektar ihrer Blüten.

Riesige Schwärme

Im Frühjahr 2009 schlüpften in Nordafrika unzählige Falter und flogen nordwärts über die Alpen. Allein in Deutschland waren an einigen Tagen im Mai riesige Schwärme mit vielen Millionen Distelfaltern in der Luft! Dass Massen an Distelfaltern bei uns einwandern, kommt jedoch nur alle paar Jahrzehnte vor.

Auch die Flügelunterseiten des Distelfalters sind bunt.

Großer Perlmutterfalter

Der Große Perlmutterfalter fällt nicht nur durch seine stattliche Flügelspannweite auf. Du kannst ihn auch leicht anhand der schwarzen Zeichnung auf dem leuchtend orangen Flügelgrund erkennen. Zu der schwarzen Randlinie an den Flügeln kommen auf den Flügeloberseiten unregelmäßige Bögen, schwarze Flecken und Halbmonde an den Flügelrändern. Anders die Flügelunterseiten: Sie sind moosgrün-orange mit weißen Flecken. Die Raupe des Großen Perlmutterfalters ist schwarz und trägt orange Punkte.

 5–5,5 cm

 bis 4 cm

 Anfang Juni–Ende August

Der Große Perlmutterfalter liebt offene, blütenreiche Lebensräume: Wegränder, Wiesen, Moore. Dort ist er in ganz Europa zu finden, und zwar in fast allen Höhenlagen.

Kurze Flugzeit

Der Große Perlmutterfalter ist nur im Hochsommer unterwegs. In dieser kurzen Zeit legen die Weibchen ihre Eier an Veilchenarten ab: Die Raupen, die nach zwei bis drei Wochen schlüpfen, fressen die Eihülle auf und überwintern später als Puppe.

Schwarze Zeichnung auf leuchtend orangem Flügelgrund – das ist der Große Perlmutterfalter.

Großes Ochsenauge

Das Große Ochsenauge kannst du am besten erkennen, wenn es ruhig mit geschlossenen Flügeln auf einem Blatt sitzt. Die Unterseite der Flügel ist orange; dazu kommt ein heller Streifen und je ein leuchtend schwarzes „Ochsenauge" auf den Vorderflügeln. Die Flügeloberseiten sind viel weniger spektakulär: Die Männchen sind fast ganz braun; das schwarze „Ochsenauge" ist kaum zu erkennen. Bei den Weibchen ist das Auge nicht nur deutlich größer, es setzt sich auch von dem hellorangen Untergrund um das Auge deutlich ab. Auffällig ist die Raupe des Großen Ochsenauges; sie ist im Vergleich zum Falter recht klein und leuchtend grün gefärbt.

 bis 5 cm

 bis 2,5 cm

 Juni–September

Ein Großes Ochsenauge auf einer Blüte

Sommerstarre

Wenn es im Sommer besonders heiß ist, kannst du manchmal beobachten, wie Große Ochsenaugen mehrere Tage regungslos an einem schattigen Platz verbringen.

Auf den Flügelunterseiten ist das schwarze „Ochsenauge" besonders deutlich zu erkennen.

Das Große Ochsenauge ist ein heimischer Schmetterling, der in eher trockenen Regionen in ganz Mittel- und Südeuropa vorkommt. Sein Lebensraum sind Wiesen. Die Raupe ernährt sich von Gräsern.

Großer und Kleiner Schillerfalter

🔍 Den Namen haben die beiden Arten den Männchen zu verdanken: In der Sonne schillert das Blau ihrer Flügeloberseiten. Zur blauen Grundfarbe kommen je ein kleiner oranger Augenfleck an den Hinterflügeln und ein unregelmäßig geformtes weißes Band, das sich über beide Flügel zieht, sowie einige weiße Flecken. Eingerahmt werden die Flügel von einem breiten schwarzen Streifen. Die Zeichnung der Weibchen ist dieselbe; die Grundfarbe ihrer Flügel ist jedoch Schwarz-Braun. Beide Arten sehen sich sehr ähnlich, sieht man einmal von der grau-braun gefleckten Flügelunterseite ab: Der Große Schillerfalter hat dort einen weißen, keilförmigen Flecken in der Mitte, der Kleine Schillerfalter mehrere weiße Flecken. In der Größe unterscheiden sich die beiden Schmetterlinge kaum.

 bis 6,5 cm

 bis 5,5 cm

 Mitte Juni–Mitte August

Käse als Lockstoff

Du kannst die Tiere am besten beobachten, wenn sie auf pfützenreichen Wegen am Boden nach Nahrung suchen. Dabei gibt es einen Trick: Leg ein Stück stark riechenden Käse aus und versuch sie damit anzulocken! Eigentlich ernähren sich Schillerfalter von Exkrementen und Aas.

Großer Schillerfalter und Kleiner Schillerfalter sind Schmetterlinge, die nur im Hochsommer, Juli und August, aktiv sind. Beide sind in Mitteleuropa heimisch. Sie leben vorzugsweise in Auwäldern mit vielen Weiden.

Flügelunterseite des Großen Schillerfalters

Kaisermantel

Typisch für den Kaisermantel sind die breit ausladenden Vorderflügel. Ihnen verdankt er seinen eleganten Flug – er schwebt buchstäblich von Blüte zu Blüte. Die Flügel des Kaisermantels sind orangebraun mit schwarzen Flecken. Beim Männchen kommen schmale schwarze Streifen mit Duftschuppen hinzu. Die Flügelunterseiten sind wie bei seinem Verwandten, dem Perlmutterfalter, moosgrün-orange; anstelle der weißen Flecken trägt der Kaisermantel unregelmäßig gezackte weiße Streifen. Selten gibt es auch Weibchen, die grau-schwarz gefärbt sind. Die Raupe des Kaisermantels ist dunkelbraun mit zwei sehr feinen orangen Streifen auf dem Rücken. Sie ernährt sich von Veilchen.

Der Kaisermantel hält sich gerne in der Sonne auf.

 **bis 6,5 cm**

 **bis 4 cm**

 **Ende Juni–Anfang September**

Ungewöhnliche Eiablage

Das Kaisermantel-Weibchen versteckt seine Eier in der Rinde von Fichten- und Kiefernstämmen, die in der Nähe von Veilchen, der Nahrung der Raupen, wachsen. Die Raupen schlüpfen im Herbst und überwintern. Im Frühling entwickeln sich die Raupen weiter und verpuppen sich.

Der Kaisermantel ist vom Süden Skandinaviens bis Südeuropa heimisch. Du findest ihn an sonnigen Stellen in Parks und an Waldrändern, wo es reichlich Blüten gibt.

Kleiner Eisvogel

Von wegen klein – mit seiner Flügelspannweite gehört der Kleine Eisvogel zu unseren größeren Faltern! Schwarz, Braun und Weiß sind seine Farben – zumindest auf den Flügeloberseiten. Die Grundfarbe ist Braun, quer über Vorder- und Hinterflügel verläuft ein weißes Band, das an einer Stelle unterbrochen ist. Dazu kommen schwarze Punkte an den Flügelrändern. Die Flügelunterseiten sind orange mit einigen schwarzen Flecken. Dazu kommt wieder der breite weiße Streifen, der auch auf den Flügeloberseiten zu sehen ist.

 **bis 5 cm**

 **bis 3 cm**

 **Mitte Juni–Mitte August**

Der Kleine Eisvogel ist in Mitteleuropa zu Hause. Er lebt an Flussauen und Bachläufen mit hohen Büschen. Dort ernährt er sich – wie auch sein Verwandter, der Große Eisvogel – von Aas und Exkrementen. Doch auch Blüten von Giersch und Engelwurz werden von ihm besucht.

Der Kleine Eisvogel ist leicht an dem leuchtend weißen Band zu erkennen, das über die Flügeloberseiten läuft.

Großer Eisvogel

Mit einer Flügelspannweite von bis zu acht Zentimetern macht der Große Eisvogel seinem Namen alle Ehre. Nicht nur in der Größe besteht ein Unterschied zum Kleinen Eisvogel, sondern auch in der Flügelzeichnung: Die Flügeloberseiten sind grau-braun mit weißen Flecken. Die Flügelränder sind innen von einer orangen und außen von einer blauen Randbinde eingefasst. Die Flügelunterseiten sind orange mit weißen und grau-blauen Flecken.

Die Raupe des Kleinen Eisvogels ist mit zwei Reihen langer Rückendornen bewehrt.

Kleiner Fuchs

Der Kleine Fuchs ist ein Falter der Superlative: Seine Flugzeit dauert von den ersten warmen Tagen im Frühjahr bis in den Spätherbst. Dazu ist er einer der häufigsten und schönsten europäischen Tagfalter: In der Mitte, am Rumpf und am Flügelansatz ist er schwarz braun. Die Grundfarbe der Flügel ist ein leuchtendes Orange. An den oberen Rändern der ausladenden Vorderflügel befinden sich große schwarze und weiße Flecken, die übrigen Außenränder sind schwarz-blau eingefasst. Die Flügelunterseiten sind grau-braun gefärbt – eine perfekte Tarnung für den Schmetterling, wenn er sich ausruht.

bis 4,5 cm

bis 2,5 cm

Mai–Oktober

Mit zusammengeklappten Flügeln ist der Kleine Fuchs unauffällig braun und gut getarnt.

Der Kleine Fuchs ist ein Falter, der in allen Regionen Europas zu Hause ist und dort auch überwintert. Du findest ihn in Gärten und Parks sowie auf blütenreichen Wiesen. Besonders leicht kannst du die Falter beobachten, wenn sie sich an einer sonnigen Hauswand aufwärmen.

Raupe des Kleinen Fuchses auf einem Brennnesselblatt

Wichtige Futterpflanzen

Der Kleine Fuchs legt seine Eier an Brennnesseln in sonniger Lage. Wenn du Schmetterlinge schützen möchtest, dann gilt: Finger weg von Brennnesseln – auch im eigenen Garten! Die Lieblingspflanzen des Falters sind Sommerflieder, Fetthenne-Stauden und Herbstastern.

Kleines Wiesenvögelchen

Die Flügeloberseiten des Kleinen Wiesenvögelchens sind orange. Sehr viel häufiger als mit ausgebreiteten Flügeln kannst du es in der Ruheposition mit geschlossenen Flügeln sehen: Die Flügelunterseiten der Vorderflügel sind orange mit je einem schwarzen Auge. Wenn du genau hinsiehst, dann erkennst du einen kleinen weißen Punkt darin. Die Flügelunterseiten der Hinterflügel sind grau-braun, wobei sie zum Rumpf hin dunkler werden. Die grünen Raupen des Kleinen Wiesenvögelchens ernähren sich von Gräsern. Sie entwickeln sich unterschiedlich schnell. Manche wachsen im selben Jahr zu Faltern heran, andere überwintern als Puppe.

 **bis 3 cm**

 **bis 2 cm**

 **April–November**

Fleißiger Flieger

Wenn du an einem sonnigen Tag an einer Wiese entlanggehst, kannst du die kleinen Falter dabei beobachten, wie sie fast ununterbrochen von Blüte zu Blüte fliegen. An trüben Tagen sitzen sie auf Grashalmen und Stängeln und du erkennst sie an ihren zum Teil orangen Flügelunterseiten.

Das Kleine Wiesenvögelchen ist in Mittel- und Südeuropa und im Norden Skandinaviens auf sonnigen, mäßig feuchten Wiesen und an blütenreichen Böschungen zu Hause.

Kleines Wiesenvögelchen mit offenen Flügeln

Landkärtchen

Eine oder zwei Arten? Lange waren sich die Wissenschaftler nicht sicher. Der Grund: Die Flügelzeichnung beim Landkärtchen verändert sich, je nachdem, um welche Generation es sich handelt. Die Frühjahrsgeneration ist orange mit zahlreichen schwarzen Flecken und einem schmalen blauen Saum an den Hinterflügeln. Ferner sind die Flügel schwarz gerahmt. Die Sommergeneration ist schwarz mit einem breiten gelblich weißen Fleckenband, das sich halbkreisförmig über die Vorder- und Hinterflügel zieht. Dazu kommen zwei schmale orangefarbene Bänder. Identisch, und daran kannst du das Landkärtchen leicht erkennen, sind die Flügelunterseiten: Sie sind rotbraun-violett gefleckt und von feinen weißen Adern sowie einem hellen Band in der Mitte durchzogen. Die Raupe des Landkärtchens ist schwarz mit schwarzen Dornen und einer Reihe heller Flecken an den Seiten. Sie ernährt sich von Brennnesseln.

Eierturm

Das Landkärtchen ist der einzige Tagfalter, der seine Eier übereinander in Türmchen von bis zu zehn Eiern ablegt. Du kannst diese Türmchen auf der Unterseite von Brennnesselblättern entdecken.

 bis 4,5 cm

 bis 2 cm

April–August

Das Landkärtchen kommt in weiten Teilen Europas vor, darunter auch in Mitteleuropa. Du findest es an Wald- und Wegrändern, wo es sich auch gerne im Schatten aufhält.

Frühjahrsgeneration des Landkärtchens

Sommergeneration des Landkärtchens

Mauerfuchs

Die Grundfarbe der Mauerfuchs-Flügel, die von einem Netz schwarzer Linien und einer dunklen Einfassung durchzogen sind, ist Orange. Auf den Vorderflügeln hat der Mauerfuchs je ein großes schwarzes Auge mit einem weißen Punkt in der Mitte. Nicht zu vergessen die kleineren Augen- flecken auf den Hinterflügeln: Männchen haben drei Augen, Weibchen vier. Auf den graubraun gefleckten Flügelunterseiten sind die Augen besonders auffällig. Die Raupe ist hellgrün mit einem feinen weißen Streifen an den Seiten.

 **bis 4,5 cm**

 **bis 2,5 cm**

 **Ende März–Anfang November**

Mauerfuchs-Männchen mit je drei Augenflecken auf den Hinterflügeln

Der Mauerfuchs lebt in Mittel- und Süd- europa. Du findest ihn an offenen, sonnen- beschienenen Stellen, etwa auf wenig be- wachsenen Wegen, in Steinbrüchen, in Sandgruben und auch an Hauswänden, wo er sich gerne sonnt. Am liebsten saugen die Falter Nektar von roten und violetten Blüten.

Warm oder kalt?

In warmen Gegenden schlüpfen die Schmetterlinge früh und fliegen bis spät in den Herbst hinein – hier gibt es vier Generationen. In kalten Gegenden fliegen nur zwei Generationen von Mauerfüchsen.

Mauerfuchs-Weibchen mit je vier Augenflecken auf den Hinterflügeln

Rostbinde

Die Rostbinde hat einen ungewöhnlichen Namen. Er leitet sich von dem rostroten breiten Streifen her, der über die Vorder- und Hinterflügel verläuft. Am leichtesten erkennst du die Rostbinde an den beiden schwarzen Augenflecken in dem hellen Band auf den Vorderflügeln. Meistens trifft man die Rostbinde, wenn sie ihre Flügel geschlossen hat. Dann kannst du auf den Unterseiten der Hinterflügel ein rindenfarbenes Tarnmuster erkennen. Die Unterseiten der Vorderflügel sind orange mit braunem Rand und jeweils zwei schwarzen Augenflecken.

 **bis 4,5 cm**

 **bis 2,5 cm**

 **Ende März–Anfang November**

Auf den Vorderflügeln trägt die Rostbinde schwarze Augenflecken.

Beobachtungstipp

Achte darauf, dass du keinen Schatten auf das Tier wirfst, wenn du ihm näher kommst. Rostbinden sind sehr scheu und fliegen sofort weg. Mit ein wenig Glück kannst du das Auge auf der Unterseite der Vorderflügel sehen. Wenn sich die Rostbinde gestört fühlt, verdeckt sie die Vorderflügel mit den Hinterflügeln und ist dann – dank der Tarnung – (fast) unsichtbar.

Die Rostbinde ist in Mittel- und Südeuropa sowie an den Südküsten Skandinaviens heimisch. Sie liebt trockene Standorte, zum Beispiel Sanddünen, Sandheiden und offene Sandflächen in Kiefernwaldgebieten mit zahlreichen Blütenpflanzen. Dort ist die Rostbinde häufig zu finden; insgesamt geht ihre Zahl aber zurück, weil ihre Lebensräume weniger werden. Die ockerfarbene Raupe ernährt sich von Gräsern.

Schachbrett

Schwarz und Weiß sind die Farben des Schachbretts – jedenfalls auf den Flügeloberseiten. Die Grundfarbe des Falters ist Schwarz; die weißen Flecken sind ein wenig versetzt, also schachbrettartig, angeordnet. Wenn sich das Schachbrett ausruht, hat es die Flügel geschlossen. Dann erkennst du es an den dunkel geäderten Flügeln und den zahlreichen Augenflecken an den Hinterflügeln. Übrigens: Beim Männchen sind die Flügelunterseiten grau, beim Weibchen gelb-grau. Auffällig sind die Raupen. Sie können etwas unterschiedlich gefärbt sein: gelb-braun oder grün mit einem hellbraunen Kopf.

bis 5 cm

bis 2,5 cm

Flügelunterseite eines Schachbrett-Männchens

Juni–August

Das Schachbrett kommt in Mitteleuropa, im Süden Großbritanniens und in Südeuropa vor. Du findest es auf sonnigen ungedüngten Wiesen, an Straßenböschungen, in naturbelassenen Gärten, an Hängen und Waldrändern. Es bevorzugt mittlere Höhenlagen und ist daher in den Mittelgebirgen häufiger zu finden.

Nicht mähen!

Der Schachbrettfalter braucht Wiesen: Dort legt das Weibchen im Flug seine Eier ab, hier ernähren sich die Raupen von Gras. Die Falter saugen Nektar aus den Blüten. Je häufiger Wiesen gemäht werden, desto mehr wird der Lebensraum des Schachbrettfalters eingeschränkt – er findet keine Nahrung mehr!

Tagpfauenauge

🔍 Das Tagpfauenauge verdankt seinen Namen den „Augen" auf den Vorderflügeln. Sie sind – wie bei den langen Schwanzfedern des Pfaus – auffallend gefärbt: gelb-blau mit je einem schwarzen Punkt in der Mitte. Auf den Hinterflügeln sind die „Augen" sehr viel kleiner und einfarbig blau. Die Grundfarbe der Flügeloberseiten ist Rostrot. Wenn sich das Tagpfauenauge mit zusammengeklappten Flügeln ausruht, ist es dank der graubraunen Flügelunterseiten kaum zu erkennen. Bei Gefahr klappt das Tagpfauenauge seine Flügel auseinander und zeigt seine Augenflecken – ein abschreckender Anblick für Fressfeinde! Die Raupen, die sich von Brennnesseln ernähren, sind erst grüngelb, später schwarz mit weißen Punkten.

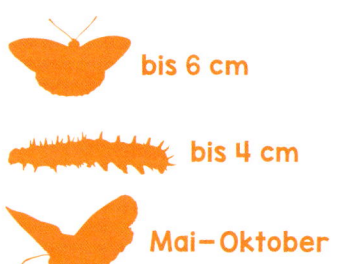

bis 6 cm

bis 4 cm

Mai–Oktober

Klimawandel-Anzeiger

Seitdem die warme Jahreszeit bei uns immer länger ist, bringt das Tagpfauenauge regelmäßig eine zweite Generation im Spätsommer hervor. Früher kam das nur in besonders milden Gegenden vor.

Das Tagpfauenauge ist in ganz Europa bis hin nach Südschweden und Finnland heimisch und dort nahezu überall zu finden. Der Falter ist nicht wählerisch: 200 Saugpflanzen stehen auf seinem Speiseplan.

Vorsicht, nicht mit einem welken Blatt verwechseln!

Trauermantel

Den Trauermantel erkennst du auf den ersten Blick: Er ist sehr groß und die dunkelbraunen Flügel sind mit einem breiten cremefarbenen Band eingefasst. Innen folgt ein schwarzes Band mit blauen Flecken in der Mitte. Die Raupe ist ebenfalls schwarz und trägt rot-orange Punkte. Damit sie möglichst unappetitlich aussieht, besitzt sie zahlreiche schwarze Borsten.

 **bis 8 cm**

 **bis 5 cm**

 **Juni–September**

Sommerruhe

Wenige Tage nach dem Schlupf hält der Trauermantel Sommerruhe. Dabei zieht er sich in geschützte Stellen in Kellern, in Ritzen, in Baumhöhlen und Holzstapeln zurück und fällt in eine Schlafstarre. Im Herbst, wenn es kühler wird, wacht er wieder auf und ist aktiv.

Die Falter sind in Mitteleuropa, Südeuropa und in Schweden heimisch. Sie ernähren sich von Blütennektar und dem Saft verletzter oder gefällter Bäume. Außerdem sind sie Obstsauger.

Der weiße Rand des Trauermantels ist auch auf der Flügelunterseite sichtbar.

Die Raupe des Trauermantels kannst du im Juni und Juli beobachten.

Waldbrettspiel

Das mitteleuropäische Waldbrettspiel ist an den Flügeloberseiten dunkelbraun und hat zahlreiche kleine helle Flecken. Dazu kommen die weiß umrandeten schwarzen Augenflecken mit dem weißen Punkt in der Mitte. Jeweils einer befindet sich auf den Vorderflügeln, drei weitere Augenflecken auf den Hinterflügeln. Die langen, schmalen Raupen des Waldbrettspiels sind hellgrün. Sie ernähren sich von Gräsern, hauptsächlich solchen, die im Wald vorkommen.

 bis 4,5 cm

 bis 2,5 cm

 April–September

Heftige Revierkämpfe

Die männlichen Falter verteidigen ihr Territorium energisch. Oft sitzen sie auf sonnenbeschienenen Blättern und beobachten die Umgebung. Wenn ein anderes Männchen in ihr Revier eindringt, bekämpfen sie den Konkurrenten im Flug.

Das Waldbrettspiel ist in lichten Wäldern und Parks zu Hause. Hier hält es sich oft auch im Schatten auf. Zum Aufwärmen – so findest du es am leichtesten – lässt es sich gern an den Blüten des Wasserdosts nieder. Dort sitzen die Falter mit halb geöffneten Flügeln und trinken Nektar.

Flügelunterseite des Waldbrettspiels

Das Waldbrettspiel verschmilzt mit seiner Umgebung.

Waldteufel

Der Waldteufel, der zu der Gruppe der Mohren-falter gehört, wirkt auf den ersten Blick eher unscheinbar und ist leicht mit anderen Mohrenfaltern zu verwechseln: Einziger Hingucker auf den rußig braunen Flügeloberseiten sind die orangen Bänder auf den Vorder- und Hinterflügeln mit den weiß gepunkteten schwarzen Flecken. Typisch für den Wald-teufel sind die olivgrauen breiten Streifen auf den Flügel-unterseiten. Die gelb-braunen Raupen ernähren sich von Gräsern und leben auch dort. Tagsüber halten sie sich versteckt und sind kaum zu sehen. Erst nachts werden sie aktiv und fressen.

 4 – 4,5 cm

 bis 2,5 cm

Ende Juli – Mitte August

Den Waldteufel erkennst du leicht an den orange-farbenen Bändern auf den Vorder- und Hinterflügeln.

Den Waldteufel findest du an Waldrändern und Lichtungen in höheren Lagen (oberhalb 400 Meter). Hier ernährt er sich am liebsten vom Nektar violett blühender Kräuter wie dem Wasserdost und Flockenblumen. Da Waldteufel langsam und niedrig fliegen und sich oft auf Büschen sonnen, kannst du sie gut beobachten.

Bedrohter Lebensraum

Früher, als viele Bauern ihr Vieh noch in die Wälder trieben, um es dort fressen zu lassen, gab es sehr viel mehr grasbewachsene Lichtungen in Wäldern als heute. Die Zahl der Waldteufel ist daher in vielen Regionen zurückgegangen – man findet sie oft nur noch an Waldrändern oder in lichten Kiefernwäldern.

Die Raupe des Waldteufels ist sehr unauffällig.

Wachtelweizen-Scheckenfalter

Der Wachtelweizen-Scheckenfalter hat eine sehr auffällige Zeichnung auf den Flügeloberseiten: Die orangefarbenen Flügel überzieht ein breites schwarzes Gitternetz. Deutlich weniger ausgeprägt ist das Netzmuster auf den Flügelunterseiten. Hier sind die schwarzen Linien sehr viel schmaler und das Orange der Flügeloberseiten ist mal heller, mal dunkler. Die Raupe des Wachtelweizen-Scheckenfalters ist schwarz und besitzt orangefarbene Dornen, die ihren Körper wie Noppen überziehen. Diese Dornen sind ein guter Schutz vor Fressfeinden, zum Beispiel Vögeln.

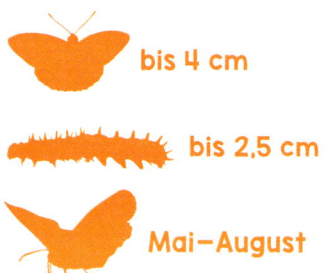

bis 4 cm

bis 2,5 cm

Mai–August

Gemeinsam durch den Winter

Die Raupen, die sich vorzugsweise von Wachtelweizen, Wegerich und Ehrenpreis ernähren, überwintern in Gruppen unter trockenen Blättern. Im Frühjahr, wenn es wärmer wird, zerstreuen sie sich.

Wachtelweizen-Scheckenfalter tragen ein auffälliges Gittermuster auf ihren Flügeloberseiten.

Der Wachtelweizen-Scheckenfalter ist in ganz Europa, von Nordskandinavien bis nach Südeuropa, verbreitet. Du findest ihn auf Wiesen und in der Heide, auf Lichtungen und an Waldrändern, vom Tiefland bis in mittlere Höhenlagen. Es ist leicht, Wachtelweizen-Scheckenfalter zu beobachten: Sie sind langsame Flieger, die bevorzugt Blüten von Disteln, Doldenblütlern und Schafgarben aufsuchen.

Argusbläuling

 Viele Bläulinge sind, der Name sagt es, blau. Dies gilt allerdings nur für die Oberseiten der Flügel. Bei Argusbläuling-Männchen sind die Vorder- und Hinterflügel von einem breiten grauschwarzen Rand gesäumt. Argusbläuling-Weibchen sind braun gefärbt. Sehr viel auffälliger ist die Unterseite bei beiden: Die Flügelränder sind von den sogenannten „Argusaugen" – runden schwarzen, orangefarbenen und grünmetallicfarbenen Flecken – eingerahmt. Die kleinen Raupen des Argusbläulings sind grün bis mittelbraun.

 2,5–3 cm

 bis 1 cm

 Juni–August

Nützliche Gemeinschaft

Während Ameisen normalerweise Schmetterlingsraupen fressen, beschützen sie Argusbläuling-Raupen vor feindlichen Insekten und Spinnen. Der Vorteil für die Ameisen: Die Raupen scheiden zuckerhaltige Sekrete aus, die die Ameisen aufnehmen.

Der Argusbläuling ist in Süd- und Mitteleuropa, im Süden Nordeuropas und auf Teilen der Britischen Inseln heimisch. Dort leben die Falter im offenen Gelände, auf Trocken- und Magerrasen und in Heidegebieten. Ihre Nahrung ist der Nektar von Heidekraut und Schmetterlingsblütlern.

Argusbläuling-Weibchen

Argusbläuling-Männchen

Faulbaum-Bläuling

Zartblaue Flügel mit einem schwarzen Rand sind das Kennzeichen des Faulbaum-Bläulings. Männchen und Weibchen kannst du an der Breite des schwarzen Randes unterscheiden: Er ist beim Weibchen vor allem bei den Vorderflügeln sehr viel breiter als beim Männchen. Typisch sind bei beiden Geschlechtern die zahlreichen schwarzen Punkte auf den Flügelunterseiten. Die kleine Raupe kann hellgrün, aber auch rosa oder violett gefärbt sein.

Faulbaum-Bläuling-Männchen

 **bis 3 cm**

 **bis I cm**

 **April–September**

Faulbaum-Bläuling-Weibchen

Der Faulbaum-Bläuling kommt auch in Mitteleuropa vor. Du findest ihn in hellen Laubwäldern, an frei stehenden Hecken, in großen Gärten und Parks. Weil er gerne in einer Höhe von etwa einem Meter fliegt, kannst du ihn leicht beobachten. Außerdem fliegt er in kleinen Revieren (300–500 Quadratmeter), die er kaum verlässt. Der Faulbaum-Bläuling überwintert in unseren Breiten als Puppe. Während der warmen Jahreszeit pflanzt er sich zweimal fort – es gibt also zwei Generationen pro Jahr.

Auf den Flügelunterseiten kannst du zahlreiche schwarze Punkte erkennen.

Flexibel beim Futter

Faulbaum-Bläulinge sind nicht sehr wählerisch, was ihr Futter angeht: Die Raupen ernähren sich nicht nur von den Blüten und Knospen des Faulbaums, sondern auch von Efeu- und Hartriegel-Knospen und deren Blüten. Auch die Falter sind nicht wählerisch: Sie saugen Nektar und trinken regelmäßig Honigtau von Blattläusen.

Gemeiner Bläuling

Männchen und Weibchen des Gemeinen Bläulings sehen sehr unterschiedlich aus. Die Flügeloberseiten der Männchen sind leuchtend blau gefärbt; die der Weibchen dagegen braun mit kleinen orangen Flecken an den Flügelrändern. Beiden gemeinsam ist die zarte weiße Umrandung der Flügel. Auch die Flügelunterseiten unterscheiden sich: Beim Männchen sind sie blass grau-blau, beim Weibchen blassbraun. Beide tragen auf den Flügelunterseiten mehrere schwarze Augenflecken mit weißem Rand und orangefarbene Flecken an den Flügelrändern.

 2,5–3 cm

 bis 1,5 cm

 Ende April–September

Der Gemeine Bläuling kommt in Asien, Nordafrika und in ganz Europa vor. Du kannst ihn auf offenem blütenreichen Gelände beobachten. Zu seinen Futterpflanzen zählen Ginster, Hauhechel und Hornklee, an dem die Weibchen auch ihre Eier ablegen.

Die Weibchen des Gemeinen Bläulings sind braun.

Schlafgemeinschaft

Besonders gut kannst du den Gemeinen Bläuling in den ersten Abendstunden beobachten. Die Falter suchen sich dann im hohen Gras einen Schlafplatz und sitzen gern kopfunter in Gruppen zusammen an den Halmen.

Zwei Weibchen haben sich einen gemeinsamen Schlafplatz gesucht.

Kleiner Feuerfalter

Den Kleinen Feuerfalter erkennst du leicht an den unterschiedlich gefärbten Vorder- und Hinterflügeln. Während die Grundfarbe der Vorderflügel Orange ist, ist sie bei den Hinterflügeln Schwarzbraun. Die Vorderflügel sind am Rand schwarz eingefasst und haben schwarze Flecken; die Hinterflügel haben unten am Rand ein leuchtend orange gezacktes Band. Die Unterseiten der Hinterflügel sind graubraun mit kleinen schwarzen Flecken. Insgesamt wirkt der Falter trotz des kleinen Schwänzchens am Hinterflügel gedrungen. Die kleine grüne Raupe, die sich von Sauerampfer ernährt, ist walzenförmig und hat am Rücken einen rosafarbenen Streifen.

 bis 3 cm

 bis 1,5 cm

April–Oktober

Auf den graubraunen Unterseiten der Hinterflügel kannst du kleine schwarze Punkte entdecken.

Pioniere

Der Kleine Feuerfalter gehört zu den Faltern, die Brachflächen bewohnen, die noch kaum von Pflanzen besiedelt sind. Wenn das Gelände nach einiger Zeit dicht bewachsen ist, verschwinden die Kleinen Feuerfalter wieder.

Dem Kleinen Feuerfalter kannst du in ganz Europa begegnen. Er liebt offenes blütenreiches Gelände. Dort nimmt er gern mit geöffneten Flügeln ein Sonnenbad. Gelegentlich kannst du die Falter auch beim Kämpfen beobachten: Männchen, die ihr Revier verteidigen, gehen dabei auch gegen Männchen anderer Schmetterlingsarten vor!

Aurorafalter

Am leichtesten erkennst du den Aurorafalter, der zu den Weißlingen gehört, an seinen Flügeln. Die Vorderflügel der Männchen haben je einen großen orangeroten Flecken mit schwarzem Rand. Bei den Weibchen fehlt das Orange; sie tragen nur einen etwas breiteren schwarzen Rand. Ein weiteres Erkennungsmerkmal findest du auf den Flügelunterseiten: Sie sind weiß und zeigen ein unregelmäßig grün geschecktes Tarnmuster. Der Aurorafalter legt einmal im Jahr Eier und überwintert als Puppe. Die zunächst grüne, dann braune Puppe hat die Form eines Bumerangs.

Aurorafalter-Männchen

Clevere Ei-Ablage

Aurorafalter sind auf Kreuzblütler wie Wiesenschaumkraut und Knoblauchsrauke spezialisiert: Die Schmetterlinge ernähren sich nicht nur von ihrem Nektar; die Weibchen heften ihre Eier unterhalb der Blüten an die Stängel. So finden die Raupen, die sich von den Blüten und Schotenfrüchten ernähren, gleich nach dem Schlüpfen ihr Futter.

3,5–4,5 cm

bis 2,5 cm

April–Juni

Der Aurorafalter ist in allen Regionen Europas bis in Höhen von 2000 Metern zu Hause: Am häufigsten triffst du auf den Falter an feuchten, blütenreichen Waldrändern und auf Wiesen.

Zwei Aurorafalter-Weibchen an einem Schneeglöckchen

Das Aurorafalter-Männchen hat einen orangen Fleck an den Spitzen der Vorderflügel.

Baumweißling

Den Baumweißling kannst du anhand der Größe, Farbe und seines segelnden Flugs leicht von anderen Schmetterlingen unterscheiden. Typisch sind die weißen Flügel, die von feinen schwarzen Flügeladern durchzogen sind. Die Vorder- und Unterseiten der Flügel haben dieselbe Zeichnung. Ganz anders die Raupen: Sie sind braun und haben einen schwarzen Streifen am Rücken sowie kurze Borsten. Weißdorn, Schlehe, Eberesche und Obstgehölze sind ihre Nahrungspflanzen.

 bis 6 cm (Weibchen), bis 5 cm (Männchen)

 bis 4 cm

 Mai–Juli

Der Baumweißling lebt in den gemäßigten Zonen in Europa. Dort kommt er vor allem in trockenen Gebieten, in denen es selten regnet, vor. Er ist an frei stehenden Hecken und in Obstbaumkulturen anzutreffen.

Raupe des Baumweißlings

Guter Beobachtungsplatz

Am leichtesten kannst du Baumweißlinge, nachdem es geregnet hat, an Pfützen beobachten. Dann sammeln sich viele Tiere, um dort zu trinken und Mineralstoffe aufzunehmen.

Die schwarze Aderzeichnung ist auf den Flügeln deutlich zu erkennen.

Großer Kohlweißling

Der Große Kohlweißling ist ein leuchtend
weißer Falter mit einem schwarzen Rumpf.
Schwarz sind auch die Flügelspitzen bei den Weibchen. Die Weibchen sind ein wenig größer als die
Männchen; du erkennst sie zudem an den beiden
großen runden schwarzen Flecken auf jedem Vorderflügel. Von Ende März bis in den Oktober fällt der
Große Kohlweißling durch seinen unregelmäßigen,
gaukelnden Flug auf. Bereits im Mai legen die Weibchen Eier – die
erste von drei Generationen. Die Eier entwickeln sich zu auffällig
gelbgrün gefärbten Raupen mit schwarzen Punkten.

 **bis 6 cm**

 **bis 5 cm**

 **März–Oktober**

Kleiner Kohlweißling

Wenn du kleine Exemplare des Kohlweißlings
siehst, dann sind es nicht etwa junge „Große"
Kohlweißlinge, sondern Vertreter einer eigenen
Art. Ihre Lebensweise entspricht der des
Großen Kohlweißlings.

Der Große Kohlweißling ist in Mittel- und
Südeuropa sowie in milderen Zonen Skandinaviens zu Hause. Er liebt blütenreiche Gärten, Wiesen und
Felder. Obwohl er schön anzuschauen ist, ist der Falter
nicht gern gesehen: Seine Raupen sind überaus gefräßig
und können Kohlpflanzen sehr schädigen. Deshalb wird er
als Schädling bekämpft. Pflanzt man aber Kapuzinerkresse
im Garten, wird diese
bevorzugt mit Eiern
belegt und der Kohl
verschmäht.

Die Weibchen haben
schwarze Flügelspitzen.

Übrigens: Kohlweißlinge
werden von Vögeln nicht
gefressen. Sie sind giftig!

Raupen des
Kohlweißlings

Postillon

Die dottergelben Flügel mit den schwarzen, sichelförmigen Spitzen auf den Vorderflügeln sind die auffallendsten Merkmale des Postillons. Doch aufgepasst – beim Weibchen sind die Flügelspitzen nicht einfarbig schwarz, sondern mit kleinen gelben Flecken durchsetzt. Dazu kommt – bei Männchen und bei Weibchen – je ein kleiner schwarzer Punkt auf den Vorderflügeln. Die Flügelunterseiten unterscheiden sich ebenfalls bei Männchen und Weibchen: Beim Männchen sind sie gelbgrün; beim Weibchen leuchtend gelb mit einer silbrig weißen Acht, das heißt einem kleinen und einem großen Auge, die sich berühren.

bis 5 cm

bis 3 cm

Mai–Oktober

Einsame Rückwanderer

Jedes Jahr kann man einige wenige Postillone beobachten, wie sie im Herbst zurück über die Alpen fliegen. Warum sie den anstrengenden Flug unternehmen, ist bisher noch nicht erforscht worden.

Der Postillon ist ein Wanderfalter. Er fliegt jedes Jahr vom Mittelmeerraum über die Alpen. In Mitteleuropa und in Skandinavien verbringt er den Sommer. Der Postillon mag es warm und sonnig: Bei uns hält er sich am liebsten auf blütenreichen Wiesen mit Klee, an Brachen, in Gärten und Parks auf. Die langen hellgrünen Raupen des Postillons erkennst du an der feinen weißen Linie an den Seiten. Sie ernähren sich unter anderem von Kleearten und Luzernen.

Postillon trinkt Nektar.

Zitronenfalter

Der gelbgrüne Zitronenfalter gehört zu den auffälligsten heimischen Tagfaltern. Er eröffnet im April das „Falterjahr". Erkennen kannst du ihn an seiner Größe und an der Farbe: Die Männchen sind leuchtend gelb. Die blassgelben Weibchen können auf den ersten Blick leicht mit Kohlweißlingen verwechselt werden. Doch es gibt ein weiteres Unterscheidungsmerkmal: Beide Geschlechter haben jeweils einen kleinen roten Punkt in der Mitte der Vorder- und Hinterflügel. Dazu kommt die Form der Flügel: Vorder- und Hinterflügel haben eine hakenförmige Spitze. Die unauffälligen einfarbig grünen Raupen ernähren sich hauptsächlich von Blättern des Faulbaums, einer häufigen Strauchart, die auch im Garten gepflanzt werden kann.

Lange Lebensdauer

Mit einer Lebensdauer von bis zu zwölf Monaten ist der Zitronenfalter ein echter Überlebenskünstler. Die Falter, die im Hochsommer schlüpfen, sind bis zum Spätsommer aktiv. Dann ziehen sie sich zum Überwintern unter Gräser und Sträucher zurück. Sobald es wärmer wird, erwachen die Falter aus ihrer Winterstarre.

 **bis 6 cm**

 **bis 3 cm**

 **Mai–April (Paarung); Juni–Oktober**

Der Zitronenfalter ist in Mitteleuropa, im Süden Skandinaviens und in Südeuropa heimisch. Du findest ihn in Gärten und Parks sowie in lichten Wäldern.

Gut getarnt – die Raupe des Zitronenfalters

Apollofalter

Trotz seiner Größe wirkt der Apollofalter fast durchsichtig und damit sehr zerbrechlich. Das liegt an seiner Farbe und den speziellen Schuppen. Die Flügel des Apollofalters sind cremeweiß; mehrere halbrunde schwarze Flecken bedecken die Vorderflügel. Auf den Hinterflügeln befindet sich je ein schwarz umrandeter roter Fleck. Ganz anders die Raupe: Sie ist schwarz und trägt an den Seiten gelbe oder rötliche Flecken.

 **8 cm**

 **bis 3 cm**

 **Ende Mai–Ende August**

Höchster Schutz

Der Apollofalter ist der einzige in Deutschland vorkommende Schmetterling, der durch das Washingtoner Artenschutzübereinkommen international geschützt ist.

Vom Apollofalter gibt es zahlreiche Unterarten. Die meisten haben ihren Lebensraum in größeren Höhen ab mindestens 1000 Metern über dem Meeresspiegel. Der Apollofalter ist sehr selten geworden, denn seine Raupe benötigt magere Sedum-Pflanzen (Hungerpflanzen) mit viel Sonne und auch Vergrasung und Überdüngung (auch durch Lufteintrag) sind das Problem. Dazu kommt, dass der Apollofalter pro Jahr nur einmal Nachkommen hat.

Auffälligstes Erkennungsmerkmal des Apollofalters sind die roten Flecken auf seinen Hinterflügeln.

Schwalbenschwanz

Seinen Namen hat der Schwalbenschwanz von seinen beiden langen, schmalen Fortsätzen an den Hinterflügeln. Doch das ist nicht die einzige Auffälligkeit: Du erkennst den Schwalbenschwanz an der gelben Grundfarbe seiner Flügel und der schwarzen Zeichnung. Die Flügel sind von feinen schwarzen Adern durchzogen, dazu kommt ein schwarzes Band am unteren Rand der Vorderflügel. Es setzt sich bei den Hinterflügeln in einem blauen Band bis zum unteren Rand fort. Dort leuchten außerdem zwei rote Augenflecken – die perfekte Abschreckung für Feinde! Unverwechselbar sind auch die grünen Raupen mit ihren auffälligen dunklen Querstreifen, die durch gelbe Punkte unterbrochen sind. Fühlen sie sich bedroht, sondern sie über eine ausstülpbare Duftgabel spezielle Duftstoffe ab, die Fressfeinden den Appetit verderben.

Der Schwalbenschwanz ist einer der schönsten heimischen Falter.

 **bis 8 cm**

 **bis 5 cm**

 **April–Ende August**

Hilltopping

So nennt man die Balzflüge der Schwalbenschwanz-Männchen: Wenn die Männchen um Weibchen werben, sammeln sie sich gern auf Hügeln (englisch „hill") oder anderen herausragenden Orten, zum Beispiel erhöhten Baumgruppen oder Türmen, um dort die Weibchen auf sich aufmerksam zu machen und Konkurrenten zu verjagen.

Der Schwalbenschwanz liebt offenes, sonniges Gelände, wo er sich überwiegend von Doldenblütlern wie der Wilden Möhre ernährt. Er kommt im Tiefland und in Mittelgebirgen vor, nicht aber im Hochgebirge. Zu Hause ist er in Mittel- und Südeuropa und im Süden Skandinaviens.

Die Raupe des Schwalbenschwanzes trägt ein auffälliges Muster.

Segelfalter

Der Segelfalter gehört zu den Riesen
unter den heimischen Faltern. Schon
auf den ersten Blick sieht man, dass er mit dem
Schwalbenschwanz verwandt ist: Beiden gemeinsam sind die „Schwanzfortsätze" an den Hinterflügeln. Sie sind beim Segelfalter sogar noch deutlich
länger als beim Schwalbenschwanz! Typisch für den
Segelfalter sind die breiten schwarzen „Zebrastreifen"
auf dem weißen Flügelgrund. An den Hinterflügeln kannst
du kleine blaue, halbmondförmige Flecken erkennen.

 **bis 8 cm**

 **bis 4,5 cm**

Mai–Juli

Der Segelfalter liebt warme Gegenden. Er ist in Mittel- und Süddeutschland sowie in den
südlichen Regionen Europas heimisch. Du findest seine Raupe an Schlehen oder Felsen-
kirschen.

Flugkünstler

Der Segelfalter fliegt schnell und
unruhig. In seinen Flug schiebt er immer
wieder Ruhepausen ein, bei denen er
längere Strecken segelnd zurücklegt –
daher sein Name.

Der Segelfalter trägt „Zebrastreifen"
auf seinen Flügeln.

Nachtfalter

Apfelwickler

Seinen Namen hat der Apfelwickler vom Lebensraum seiner Raupe – sie ernährt sich von Äpfeln, Birnen und Quitten. Der Apfelwickler ist ein kleiner graubrauner Falter. Da seine Zeichnung sehr gut an Baumrinde angepasst ist, fällt es auf den ersten Blick nicht leicht, ihn zu erkennen. Dazu ein Tipp: Das untere Drittel der Flügel ist jeweils dunkler gefärbt als der vordere Teil.

Bei genauem Hinsehen kannst du je ein Auge auf den Vorderflügeln erkennen – es soll Fressfeinde abschrecken. Die schlanke gelbe Raupe bekommst du nur zu sehen, wenn du zum Beispiel in einen Apfel beißt, der von dem Apfelwickler befallen ist. Im Inneren kannst du den Fraßgang der Apfelwickler-Raupe erkennen. Die braunen Krümel im Fraßgang sind Kot.

 **1,4–2,2 cm**

 **bis 1,5 cm**

 **Mai und Juni**

Kein Gift!

Im ökologischen Landbau setzen Landwirte bei der Bekämpfung des Apfelwicklers auf natürliche Feinde: Ohrwürmer, Wanzen und Schlupfwespen.

Der Apfelwickler ist in ganz Europa heimisch. Am häufigsten ist er auf Obstplantagen zu finden und natürlich auch in Gärten mit Apfel- und Birnbäumen. Da der Falter seine Flügel eng am Körper trägt, wirkt er sehr schmal und unauffällig. Die Raupen des Apfelwicklers überwintern im Kokon an der Rinde der Bäume, manchmal auch im Boden.

Raupe des Apfelwicklers taucht aus einem Fraßgang in einem Apfel auf.

Brennnessel-Zünsler

Der Brennnessel-Zünsler ist ein hübscher Nachtfalter, der leicht zu erkennen und zu beobachten ist. Typisch für ihn sind die weißen Flügel mit den schwarzen bogenförmigen Flecken. Sicherstes Erkennungsmerkmal ist aber die gelbe Färbung unterhalb des Kopfes. Dazu kommt die leuchtend gelbe Schwanzspitze, die sich von dem übrigen, schwarzen Rumpf deutlich abhebt. Die gelb-grüne Raupe ernährt sich von Brennnesseln, Minze und anderen Kräutern.

 **bis 2 cm**

 **bis 2 cm**

 **Mai–September**

Raupe des Brennnessel-Zünslers

Sein Name deutet es an: Der Brennnessel-Zünsler ist überall, wo die Böden nährstoffreich sind und es Brennnesseln und Minze-Arten zu finden gibt, zum Beispiel in Parks, in Gärten und an Waldrändern in ganz Europa.

Beobachtungstipp

Weil der Brennnessel-Zünsler bereits früh am Abend aktiv ist, kannst du ihn leicht beobachten. Doch auch tagsüber bekommst du ihn zu Gesicht. Es kommt immer wieder vor, dass Falter im Gebüsch aufgeschreckt werden und dann ein Stückchen durch die Luft schwirren.

Brauner Bär

Beim Braunen Bären sind Falter und Raupe gleichermaßen auffällig – und das nicht nur wegen ihrer Größe! Zuerst zum Falter: Die Grundfarbe der Vorderflügel ist Mittelbraun; darauf befindet sich ein weißes gitterförmiges Muster. Seine Hinterflügel sind verdeckt, wenn der Falter ruhig sitzt. Sie sind leuchtend orange mit großen dunkelblauen Flecken, die ineinander verlaufen – er zeigt sie zur Abschreckung. Die große braune Raupe, die sich von verschiedenen Sträuchern und Kräutern ernährt, ist gut gegen Fressfeinde geschützt: Sie trägt auf ihrem Rücken einen dichten Pelz aus sehr langen Borsten!

 **5–7 cm**

 **bis 6 cm**

 **Juli–September**

Die leuchtend orangen Hinterflügel des Braunen Bären sind in Ruheposition unter den Vorderflügeln versteckt.

Der Braune Bär kommt in ganz Europa in Gärten, Parks und lichten Wäldern vor. Er ist nachtaktiv, und zwar erst nach Mitternacht. Dann fliegt er auch immer wieder künstliche Lichtquellen wie zum Beispiel Straßenlaternen an. Tagsüber kannst du ihn auf Blättern oder Baumstämmen finden.

Drüsengift

Wenn ein Brauner Bär aufgeschreckt wird, öffnet er seine Flügel und die orangefarbenen Hinterflügel werden sichtbar. Zugleich sondert er aus einer Drüse hinter dem Kopf ein übel riechendes Sekret ab. Damit jagt er seinen Feinden einen gehörigen Schrecken ein!

Ihr dichter borstiger Pelz schützt die Raupe vor Fressfeinden.

Russischer Bär

Der Russische Bär ist vorwiegend tagaktiv, fliegt aber auch nachts. Seine dunklen Vorderflügel tragen ein gelblich weißes Streifenmuster. Öffnet der Falter seine Vorderflügel, werden die leuchtend orangefarbenen Hinterflügel sichtbar. Auf den Hinterflügeln trägt der Russische Bär einige schwarze Flecken. Die schwarzgrauen Raupen haben an den Seiten weiße Flecken und auf dem Rücken einen gelben Streifen. Zum Schutz vor Fressfeinden sind sie zusätzlich mit braunen Warzen ausgestattet, aus denen Borsten wachsen.

 4–5 cm

 bis 5 cm

 Juli–September

Der Russische Bär kommt in Süd- und Mitteleuropa vor. Er mag felsiges Gelände, in dem Gewöhnlicher Dost wächst. Außerdem hält er sich gerne an sonnigen Waldwegen und Waldsäumen auf, an denen Wasserdost vorkommt.

Schmetterlingstal

Auf der griechischen Insel Rhodos leben in einem Tal ganze Schwärme von Russischen Bären. Die Falter haben dort seit Hunderten von Jahren in den kühlen Felsnischen und an den Stämmen von Amberbäumen einen Treffpunkt zur Paarung. Angelockt werden sie durch die vielen harzreichen Bäume des Tals. Das Schmetterlingstal wird von vielen Touristen und Touristinnen besucht.

Öffnet der Russische Bär seine Flügel, werden die leuchtend orangen Hinterflügel sichtbar.

Russische Bären im Schmetterlingstal auf Rhodos

Schönbär

Die Vorderflügel des Schönbärs sind schwarz und tragen zahlreiche weiße, gelbliche oder orangefarbene oval geformte Flecken. Doch das gilt nur, solange der Falter nicht gestört wird: Dann öffnet er die Flügel und die roten Hinterflügel blitzen unter den Vorderflügeln auf! Sie haben, passend zu den Vorderflügeln, ebenfalls Flecken, diese sind aber schwarz. „Bärig" ist die Raupe: Die graublauen Schönbär-Raupen, die mehrere gelbe Streifen tragen, sind dicht behaart. Der „Pelz" ist ein Schutz vor Fressfeinden – er macht die eigentlich leichte Beute unappetitlich!

 4,5–6 cm

 4–5 cm

 Juni–Juli

Gefährdet!

Die Futterpflanzen des Schönbärs sind eigentlich recht häufig. Trotzdem ist er selten. Der Grund: Mit dem Trockenlegen von Feuchtbiotopen gingen Lebensräume verloren.

Die Raupe des Schönbärs ernährt sich von Blättern verschiedener Sträucher und Kräuter.

Der Schönbär lässt seine roten Hinterflügel aufblitzen.

Schönbären kommen unter anderem in Mitteleuropa vor. Die Falter, die auch tagsüber aktiv sind, findest du in lichten feuchten Laubwäldern und den angrenzenden Wiesen. Dort legen die Weibchen ihre Eier an Brennnesseln, Taubnesseln, Hahnenfuß und Himbeerstauden ab.

Eichen-Prozessions-spinner

Mit seinen grau-braun gescheckten Flügeln ist der Eichen-Prozessionsspinner ein sehr unauffälliger Falter, den man leicht übersieht. Sehr viel auffälliger und auch gefährlicher sind die stark behaarten Raupen, die sich von Eichenblättern ernähren. Die Raupen des Eichen-Prozessionsspinners bewegen sich aneinandergereiht in Gruppen von bis zu zehn Metern Länge prozessionsartig von Futterstelle zu Futterstelle oder zu ihren Ruheorten. Dabei bilden sie an Stämmen und Astgabelungen große runde oder auch lang gestreckte Gespinstnester.

 4–5 cm

 bis 5 cm

 Juli–September

Raupennest an einem Eichenstamm

Der Eichen-Prozessionsspinner ist in Mitteleuropa heimisch. Die Weibchen legen bereits in der zweiten Nacht nachdem sie als Falter aus ihrem Kokon geschlüpft sind, den gesamten Eiervorrat in den Kronen älterer Eichen ab und sterben dann.

Vorsicht, gefährlich!

Dreh dich sofort weg, wenn du eine Gruppe von stark behaarten Raupen oder ein großes Gespinst siehst! Die 0,1 bis 0,25 Millimeter langen Haare brechen leicht ab und wirbeln auch in größeren Abständen durch die Luft. Mit ihren Widerhaken bohren sie sich in die Haut und reizen sie. Auch die Atemwege können durch die Härchen gereizt werden, wenn diese in die Lunge gelangen. In den Augen können die Raupenhaare zu einer Bindehautentzündung führen.

Mondvogel

Abgebrochener Birkenzweig oder Falter? Auf den ersten Blick wirst du sie kaum unterscheiden können. In Ruhehaltung legt der Mondvogel seine Flügel seitlich so an den Körper, dass er die Form eines Zylinders – oder Zweiges – hat. Dazu kommt die Farbe: Der Mondvogel ist silbrig grau und trägt jeweils einen großen hellen Fleck an der Spitze der Vorderflügel. Ganz ähnlich ist auch der Kopf gefärbt: Er ist ebenfalls grau-beige und etwas zurückgesetzt, sodass er einem abgebrochenen Zweig zum Verwechseln ähnlich sieht. Die Raupe des Mondvogels ist gelb mit einem schwarzen Kopf und schwarzen Punkten auf dem Rücken. Als Jungraupen leben sie in Gruppen und fressen Blätter von Haselnuss, Salweide, Birke, Erle und anderen Bäumen. Wenn die Raupen in großen Mengen auftreten, können sie ganze Bäume entlauben.

Der Mondvogel trägt die Farben eines Zweiges, damit er gut getarnt ist.

 5,5–7 cm

 bis 7,5 cm

Mai–Juli

Mehr als genügsam

Nach dem Schlüpfen frisst der Mondvogel nichts. Er lebt nur, um sich zu vermehren. Das ist auch der Grund, warum er keinen Saugrüssel hat.

Der Mondvogel ist in ganz Europa heimisch und recht häufig. Du findest ihn in Parks und Gärten.

Die Raupen des Mondvogels kannst du von Juli bis August beobachten.

Kleines Nachtpfauenauge

Das Kleine Nachtpfauenauge ist einer der größten und schönsten Nachtfalter. Du erkennst es – wie das Tagpfauenauge – an den großen Augenflecken auf den Vorder- und Hinterflügeln, die ein wenig an die Federzeichnung beim Pfau erinnern. Männchen oder Weibchen? Die Farbe macht den Unterschied! Die Männchen, die tagaktiv sind, sind braun gefärbt; die nachtaktiven Weibchen sind heller – graubraun. Dazu kommt ein weiterer Unterschied: Nur die Männchen des Kleinen Nachtpfauenauges haben große und deutlich gefächerte Fühler. Mit über sechs Zentimetern Länge ist die grüne Raupe ebenfalls recht stattlich.

Weibchen des Kleinen Nachtpfauenauges

Kurze Lebenszeit

Das Kleine Nachtpfauenauge lebt nur wenige Tage, um sich zu paaren. Damit sich Männchen und Weibchen finden, senden die Weibchen Lockstoffe aus, die die Männchen über viele Kilometer wahrnehmen.

 5,5–8,8 cm

 bis 6,5 cm

 April–Mai

Mit zunehmendem Alter färben sich die ursprünglich schwarzen Raupen immer stärker grün.

Das Kleine Nachtpfauenauge ist in ganz Europa verbreitet und recht häufig. Die Falter leben in offenem Gelände mit Sträuchern, Heidekraut und an Waldrändern. Die Raupen fressen am liebsten Rosengewächse wie Schlehe und Brombeere; dazu kommt die Besenheide.

Im Gegensatz zu den graubraunen Weibchen sind die Männchen des Nachtpfauenauges braun-bunt gefärbt.

Nagelfleck

Der Nagelfleck verdankt seinen Namen den nagelförmigen Flecken auf seinen Flügeln. Auf der Flügeloberseite befinden sich die weißen „Nägel" in den großen blauen Augen; auf der Flügelunterseite fehlen die blauen Augenflecken – die hier ebenfalls weißen „Nägel" sind dennoch gut zu erkennen. Die Grundfarbe des Falters ist an der Flügeloberseite Rostrot mit einem dünnen schwarzen Streifen an den unteren Flügelrändern. Doch aufgepasst: Die tag- und nachtaktiven Männchen sind kleiner und heller gefärbt als die nachtaktiven Weibchen; außerdem erkennst du sie an den stark kammartig verzweigten Fühlern.

 **5,5–8,5 cm**

 **bis 5 cm**

 **April–Mai**

Die Männchen des Nagelflecks sind tagaktiv.

Der Nagelfleck ist ein schnell fliegender Nachtfalter, der in ganz Europa in Buchenwäldern und in Mischwäldern mit zahlreichen Buchen vorkommt. Dort kannst du die Männchen beobachten, wie sie dicht über dem Boden im Zickzackflug nach Weibchen suchen.

Ringel-Dornen auf dem Rücken

Die grüne Raupe des Nagelflecks ist unverwechselbar: In den ersten drei Stadien trägt sie am Rücken mehrere rot-weiß geringelte Dornen, die an der Spitze sogar noch gegabelt sind!

Raupe des Nagelflecks

Birkenspanner

Den Birkenspanner erkennst du an seinen breit ausladenden grauweißen Flügeln, die perfekt an das Muster von Birkenstämmen angepasst sind. Dabei sind Vorder- und Hinterflügel gleich gefärbt. Stichwort Farbe: Eigentlich gibt es den Birkenspanner in drei Farbvarianten, und zwar in einfarbig Schwarzgrau, in einer dunkelbraun-weiß gefleckten Form und in der hellen grauweißen Variante. Die Raupe des Birkenspanners ist graubraun. Sie ernährt sich von Weiden- und Birkenblättern. In Ruhestellung kann sie sich so positionieren, dass sie von einem Ast „absteht" – sie sieht dann einem kleinen Zweig zum Verwechseln ähnlich.

 **4,5–6 cm**

 **bis 6 cm**

 **Mai–August**

Die Falter verschmelzen perfekt mit dem Hintergrund.

Der Lebensraum des Birkenspanners sind Laubwälder, Parks und birkenreiche Moore. Du kannst den Falter mit ein wenig Glück leicht beobachten: Tagsüber sitzt er an den Stämmen von Birken und hält sich dort verborgen.

Auch die Raupen des Birkenspanners sind wahre Meister der Tarnung; sie sehen aus wie kleine Äste.

Sehr anpassungsfähig

In Gegenden starker Luftverschmutzung passten sich die Birkenspanner an die von dunklen Ablagerungen überzogenen Stämme und Äste der Bäume an. Die dunkleren Formen des Birkenspanners traten vermehrt auf: Sie waren besser getarnt und konnten daher leichter überleben. Dank des Umweltschutzes ist die Luftverschmutzung inzwischen zurückgegangen – und damit auch die Zahl der dunkel gefärbten Birkenspanner!

Kleiner Frostspanner

Männchen oder Weibchen? Beim Frostspanner leicht zu erkennen, denn es fliegen nur die Männchen und nur sie haben schmetterlingstypische Flügel. Das Männchen des Kleinen Frostspanners ist ein recht unscheinbarer hellbrauner Falter mit schmalen, etwas dunkleren Binden an den Flügelunterseiten. Die Flügeloberseiten sind einfarbig beige. Die Weibchen sehen mehr einer Fliege als einem Falter ähnlich: Ihr Körper ist grauschwarz und gedrungen; die Flügel sind verkümmert. Die hellgrüne Raupe trägt einen gelben Streifen an den Seiten.

 **bis 2,8 cm**

 **bis 2 cm**

 **Mitte Oktober–Ende Dezember**

Der Kleine Frostspanner ist in ganz Europa zu finden. Er ist nachtaktiv und erscheint meist nach den ersten Frösten.

Die Raupen des Kleinen Frostspanners bewegen sich ruckartig vorwärts.

Nicht kriechen, sondern ziehen

Spanner-Raupen erkennst du ganz leicht an der Art, wie sie sich fortbewegen. Sie kriechen nicht wie andere Raupen, sondern bewegen sich ruckartig: Sie ziehen den Hinterleib bis zur Brust an den Körper heran – dabei krümmt sich die Raupe, bis sie die Form eines großen Bogens annimmt. Die Hinterbeine krallen sich fest und der vordere Körperteil tastet sich voran. Dann wird wieder der hintere Teil „nachgezogen" …

Nachtschwalbenschwanz

Schon der Name verrät ein wenig über den Nachtschwalbenschwanz: Wie beim Schwalbenschwanz (S. 45), dem Tagfalter, haben die Hinterflügel jeweils einen zackenförmigen Ausläufer. Der Nachtschwalbenschwanz ist ein großer zart gelbgrüner Falter mit je zwei schmalen braunen Linien auf den Vorderflügeln und einer ebensolchen Linie auf den Hinterflügeln. Typisch sind auch die kleinen roten Augenflecken in den „Schwänzchen". Die Raupe ist auffallend schlank. Ihre Farbe reicht von Hellgelb bis zu Olivgrün. Wie alle Spanner-Raupen bewegt sie sich ruckartig fort: Der vordere Teil des Körpers streckt sich nach vorn und zieht den hinteren Teil nach.

Strauch-Liebhaber

Die Raupen des Nachtschwalbenschwanzes oder Holunderspanners ernähren sich von Heckensträuchern wie zum Beispiel Schwarzem Holunder, Stachelbeere, Flieder und Schlehe. Pflanz am besten solche Sträucher in deinem eigenen Garten an. Dann sind die Chancen, dass du einen Nachtschwalbenschwanz beobachten kannst, am größten! Du kannst ihn auch mit Licht vor einem weißen Tuch anlocken.

 5–6 cm

 bis 5,5 cm

 Mai–August

Der Nachtschwalbenschwanz ist in ganz Europa verbreitet. Du kannst ihn in Gärten, in Parks, in Auwäldern mit dichtem Buschwerk und überall, wo es feucht ist, antreffen. Er kommt recht häufig vor.

Die Raupe sieht aus wie ein kleines Stöckchen.

Schwarzspanner

Schwarzspanner ist der perfekte Name für diesen Nachtfalter: Er gehört zur Familie der Spanner und ist, klarer Fall, schwarz. Doch nicht ganz: Die Flügelspitzen der Vorderflügel haben jeweils einen zarten weißen Rand. Wenn der Falter in Ruhehaltung seine Flügel hängen lässt, kannst du ihn daran sehr leicht erkennen. Ältere Schwarzspanner sind nicht mehr ganz schwarz, ihre Farbe verblasst mit der Zeit. Die Raupen des Schwarzspanners sind zumeist einfarbig grün, manchmal aber auch bräunlich.

2,7–3 cm

bis 2,3 cm

Ende Mai–Ende Juli

Schützende Farbe?

Schwarzspanner fliegen langsam und eher unbeholfen dicht über den Pflanzen oder sie hängen an Gräsern. Auf diese Weise sind sie – eigentlich – leicht zu fangende Beute für Fressfeinde. Dass sie dennoch nicht angegriffen werden, liegt möglicherweise an der einheitlich schwarzbraunen Flügelzeichnung, durch die sie gut getarnt sind.

Schwarzspanner sind in ganz Europa verbreitet und in einigen Regionen, zum Beispiel in Norddeutschland, sogar sehr häufig. Du findest sie auf Feuchtwiesen und in Mooren, in Flussniederungen, an Seeufern und auf Bergwiesen. Übrigens: Der Schwarzspanner ist tagaktiv und deshalb besonders leicht zu finden.

Bei älteren Faltern fehlt der weiße Saum; sie haben ihn „abgeflogen".

Eichenspinner

Mit einer Flügelspannweite von bis zu über acht Zentimetern gehört der Eichenspinner zu den Riesen unter den Faltern. Die Weibchen sind etwas größer als die Männchen und in einem hellen Gelbbraun gefärbt. Die Männchen sind dagegen etwas dunkler. Typisch für die Männchen ist außerdem die leicht geschwungene, breite gelbe Binde, die quer über den Vorderflügeln verläuft. Dazu kommt bei beiden Geschlechtern je ein kleines weißes Auge auf den Vorderflügeln. Die gelbbraunen Eichenspinner-Raupen sind enorm groß und am Rücken schwarz gefleckt. Du findest sie an vielen Sträuchern, zum Beispiel Weiden, Ginster und Heidekraut. Vorsicht – nicht anfassen! Die Raupen sind dicht behaart und diese Haare können die Haut reizen, wenn du sie berührst!

Die männlichen Eichenspinner sind dunkler als die Weibchen.

 **5,5–8,5 cm**

 **bis 8 cm**

 **Ende Juni–Mitte August**

Eichenspinner sind in ganz Europa zu Hause. Dort findest du sie in warmen Gegenden mit vielen Büschen, in Heiden und an sonnigen Hängen. Die Eichenspinner-Männchen kannst du gut beobachten: Sie fliegen tagsüber, wobei sie durch ihren Zickzackflug besonders auffallen.

Nachtaktive Weibchen

Die Weibchen des Eichenspinners sitzen tagsüber im Gras. Sie fliegen nur nachts, wobei sie dicht über der Pflanzendecke ihre Eier fallen lassen.

Die Raupe des Eichenspinners trägt dichte Haare am ganzen Körper.

Esparsetten-Widderchen

Esparsetten-Widderchen sind sehr elegante Falter: Sie haben lang gezogene schwarze Vorderflügel. Darauf befinden sich jeweils fünf bis sechs einfarbig karminrote Flecken, die weiß eingefasst sind. Wie breit der Ring ist, variiert von Tier zu Tier. Die Hinterflügel sind deutlich kleiner, aber nicht weniger eindrucksvoll – sie sind leuchtend rot mit einem schmalen schwarzen Rand. Auffällig sind auch die langen schwarzen, fein geschwungenen Fühler, die an der Spitze etwas verdickt sind und ein wenig an Hörner erinnern – deshalb der Name „Widderchen". Ganz anders die dicke Raupe: Sie ist hellgrün mit gelben und schwarzen Flecken auf dem Rücken.

 2,5–3,3 cm

 bis 3 cm

 Juni–Ende August

Zwei Esparsetten-Widderchen bei der Paarung

Beobachtungstipp

Am leichtesten kannst du die Widderchen abends auf hohen Stängeln oder Halmen, die ein Stück höher sind als die Umgebung, beobachten. Diese werden von Esparsetten-Widderchen besonders gerne angeflogen.

Das Esparsetten-Widderchen ist ein tagaktiver Nachtfalter, der in Mittel- und Südeuropa im Tief- und im Hügelland heimisch ist. Du findest es an sonnigen Stellen, wo auch die Futterpflanzen seiner Raupe, die Futter-Esparsette und der Gemeine Hornklee, in großen Mengen vorkommen.

Gammaeule

🔍 Die hellgelbe Zeichnung auf den Vorderflügeln der Gammaeule erinnert an den griechischen Buchstaben Gamma – daher hat der Falter seinen Namen. Ansonsten ist er in Ruhestellung mit seinen graubraunen Flügeln wenig auffällig. Trotz ihrer guten Tarnung kannst du die Gammaeule, die auch tagsüber unterwegs ist, leicht erkennen: Wie ein Kolibri wechselt sie im Schwirrflug von Blüte zu Blüte! Die Raupe ist hellgrün. Sie bewegt sich wie eine Spanner-Raupe: Erst greifen die Bauchbeinpaare nach vorne, dann wird der Hinterkörper angezogen.

 **3,5–5 cm**

 **bis 4 cm**

 **Mai–Oktober**

Futter für Fledermäuse

Gammaeulen-Raupen fressen am liebsten Salat, Spinat oder Kohl. Weil sie auf Äckern großen Schaden anrichten, werden die Raupen mit Gift (Insektiziden) bekämpft. Zu den natürlichen Feinden der Gammaeulen-Raupen gehören Vögel; die Falter werden gern von Fledermäusen gefressen.

Die hellgelben Flecken auf den Flügeln der Gammaeule sehen dem griechischen Buchstaben Gamma (γ) ähnlich.

Gammaeulen sind Wanderfalter, die im Mittelmeerraum heimisch sind. Einige Tiere überwintern bei uns, sofern sie den Frost überstehen. Die meisten kommen jedes Jahr aus dem Süden, und zwar in so großen Mengen, dass die Gammaeule zu den häufigsten Nachtfaltern bei uns gehört.

Hausmutter

Mit über fünf Zentimetern Flügelspannweite gehört die kräftige
Hausmutter zu den größeren Nachtfaltern.
Stichwort Flügel: Vorder- und Hinterflügel sind
unterschiedlich gefärbt; außerdem kann die Farbe
der Vorderflügel variieren. Sie sind rotbraun bis grau und dabei jeweils unregelmäßig
gefleckt. Etwas einheitlicher gefärbt sind die orangen Hinterflügel. Auffällig ist hier das
schwarze Band am unteren Rand der Flügel. Die Raupe, die sich von vielen verschiedenen Pflanzenarten ernährt, kann gelb, grün oder bräunlich sein.

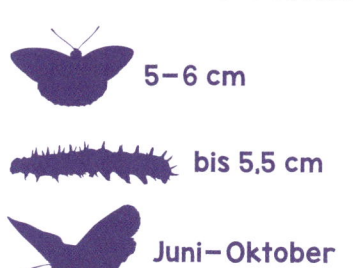

5 – 6 cm

bis 5,5 cm

Juni – Oktober

Hausmutter in Ruheposition

Hausmütter sind in ganz Europa verbreitet und sogar eine der häufigsten Schmetterlingsarten. Der Grund: Sie kommen nahezu überall vor – in Gärten, in Parks, auf Heide-
land und in Laubwäldern, in Schuppen, Scheunen und in Holzstapeln. Du kannst sie
abends, wenn sie mit ihrem torkelnden Flug Lichtquellen umkreisen und sich dabei
immer wieder gerne auf Mauern niederlassen, gut beobachten. Nach Möglichkeit
suchen sie sich in der Morgendämmerung einen Unterschlupf in Häusern, um sich tagsüber dort auszuruhen – daher der Name Hausmutter.

Sofortstarter

Anders als die meisten großen Nachtfalter
müssen sich Hausmütter nicht aufwärmen,
wenn sie losfliegen wollen. Wenn sie
aufgestört werden, hüpfen sie ein Stückchen
und fliegen dann sofort los, wobei sie ihre
orangefarbenen Hinterflügel aufblitzen lassen.

Wenn die Raupe älter wird, färbt sie sich von grün
immer mehr nach braun.

Zackeneule

Ob Zacken- oder Zimteule – beide Namen passen perfekt zu diesem Nachtfalter: Zimtfarben sind die Vorderflügel, über die in der unteren Hälfte eine fein geschwungene helle Doppellinie verläuft. Weiter oben kann man auf dem rechten und dem linken Vorderflügel jeweils einen breiten Längsstreifen aus zahlreichen orangefarbenen Punkten erkennen, der oben in der Mitte spitz zuläuft und so ein „M" bildet. Und wo sind die Zacken? Unten, am Rand der Vorderflügel! Die lange, schlanke, leuchtend grüne Raupe hat an den Seiten einen schmalen gelben Streifen und ernährt sich von den Blättern der Pappeln und Weiden.

 4–4,5 cm

 bis 5 cm

 Mai–Juli

Zackeneulen sind in ganz Europa verbreitet. Du findest sie überall, wo es feucht ist und es Weiden und Pappeln gibt, also in Gärten, in Parks und an Waldrändern. Dort ist sie sogar recht häufig. Die Falter, die auch am Tag aktiv sind, überwintern in Höhlen oder feuchten, kühlen Kellern. Im Frühjahr sind sie teilweise schon ab Februar, spätestens ab Mai wieder unterwegs.

Starker Rüssel

Zackeneulen haben einen kräftigen Saugrüssel. Damit durchbohren sie die Hülle von Himbeeren, Brombeeren und anderen Beeren und saugen ihren Saft.

Die Zackeneule sieht einem herbstlich gefärbten Laubblatt zum Verwechseln ähnlich.

Kastanienminiermotte

Die Kastanienminiermotte gehört zu den kleineren Faltern – sie wird nur ein wenig größer als einen halben Zentimeter! Du erkennst sie nicht nur an der geringen Größe: Ihre braunen Flügel sind lang und schmal und tragen schwarze und weiße Querbänder. Nicht zu vergessen die Fransen an den unteren Flügelenden.

 **0,5–0,6 cm**

 **1–6 mm (je nach Alter)**

 **Mai–September**

Die Raupen der Kastanienminiermotte sind winzig. Sie werden nur wenige Millimeter groß.

Kastanienminiermotten kannst du vor allem an weiß blühenden Kastanien beobachten. Dort schwirren frisch geschlüpfte Tiere wie Mücken um die Äste und Zweige. Oft kannst du sie auch auf den Blättern kriechen sehen. Nimm am besten eine Lupe, um sie genau zu beobachten.

Braune Kastanien im Frühsommer

Die Kastanienminiermotte legt ihre Eier auf den Blättern der Kastanien ab. Da es jedes Jahr mehrere Generationen von Kastanienminiermotten gibt, sind jede Menge Raupen am Werk und fressen sich durch die Blätter. Das hat zur Folge, dass die Blätter absterben und braun werden. Häufig geschieht das schon im Frühsommer. Die Bäume werden dadurch aber nicht nachhaltig geschädigt.

Durch die Kastanienminiermotte verursachte Schäden an Rosskastanienblättern

Ligusterschwärmer

Der Ligusterschwärmer gehört zu den Riesen unter den heimischen Faltern. Besonders beeindruckend sind die langen, schmalen, graubraun längs gestreiften Vorderflügel; die Hinterflügel sind deutlich kleiner und rot-schwarz quer gestreift. Der große Kopf des Ligusterschwärmers ist schwarz. Bei den Weibchen ist der Hinterleib dicker als bei den Männchen. Die große grüne Raupe ist ebenfalls gestreift; sie trägt schmale rot-weiße Streifen an den Seiten und ein schwarzes, nach unten gebogenes Horn am Hinterleib. Schreckt man die Raupe auf, dann hebt sie den Oberkörper an und nimmt eine Art Drohgebärde ein.

 9–12 cm

 bis 8,3 cm

Juni–August

Die Raupe des Ligusterschwärmers

Der Ligusterschwärmer ist in ganz Europa heimisch; sein Lebensraum sind Parks und Waldränder, also überall, wo Liguster wächst. Die Raupe des Ligusterschwärmers lebt auf Liguster und zahlreichen anderen Gehölzen wie Flieder, Heckenkirsche, Esche und Berberitze.

Selten wegen Lichtverschmutzung?

Obwohl es in unseren heimischen Gärten sehr viele Ligusterhecken gibt, ist der Ligusterschwärmer selten geworden. Warum? Möglicherweise ist die Straßen- und Gartenbeleuchtung rund um die Uhr ein Grund. In Zusammenhang mit der Beleuchtung in der Nacht, die in den Lebensrhythmus eingreift, spricht man auch von Lichtverschmutzung.

Mittlerer Weinschwärmer

Olivgrün und Rosarot sind die Farben des Mittleren Weinschwärmers. Die Flügel sind olivgrün mit einer rosafarbenen Umrandung. Die Flügelunterseiten sind komplett rosa. Der Körper des Falters ist am Rücken ebenfalls olivgrün, dazu kommt ein rosafarbener Streifen in der Mitte. Die Farbe der Raupe ist unterschiedlich – sie reicht von Hellgrün über Braun bis zu Schwarz. Der Grund: Die Raupen häuten sich und werden nach jeder Häutung dunkler. Trotz der verschiedenen Farben kannst du sie erkennen: Auf dem zweiten und dritten Körperabschnitt sind Punkte, die an Augen erinnern. Dazu kommt ein kleines, spitzes Horn am Hinterleib.

 6,2–7 cm

 bis 8 cm

 Mai–Juli

Drohgebärde

Wenn die Raupen des Mittleren Weinschwärmers Gefahr wittern, ziehen sie ihren Kopf zurück und blähen die Körperabschnitte auf, auf denen sie Augenflecken tragen. Das macht Fressfeinden Angst!

Die großen Raupen tragen „Augen" auf dem Rücken.

Der Mittlere Weinschwärmer ist die Schwärmerart, die in Europa am häufigsten vorkommt. Er liebt sonniges Gelände, Parks und Gärten. Dort kannst du ihn in der Abenddämmerung beobachten: Im Schwirrflug, der an den Flug von Kolibris erinnert, suchen die Schwärmer nektarreiche Blüten auf.

Taubenschwänzchen

Mit Tauben hat das Taubenschwänzchen nichts zu tun. Es sieht eher einem Kolibri ähnlich, ist aber ein Falter: Du erkennst es in der Ruhestellung an dem gedrungenen grauen Körper und den ebenso grauen Flügeloberseiten. Am Hinterleib trägt das Taubenschwänzchen weiße Flecken und einen kleinen Schuppen-Fortsatz, der wie ein Vogelschwänzchen aussieht. Stichwort Kolibri: Wie die südamerikanischen Vögel saugt das Taubenschwänzchen im Flug Nektar aus den Blüten. Um in der Luft an einer Stelle zu verharren, bewegt es seine Flügel so schnell, dass sie fast unsichtbar sind.

 **5–5,8 cm**

 **bis 6,5 cm**

 **Ende Juni–Ende August**

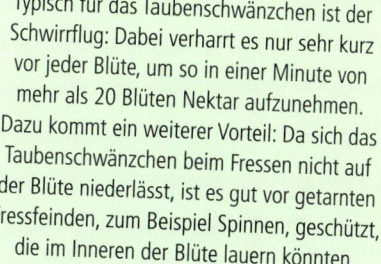

Taubenschwänzchen können beim Nektartrinken wie Kolibris in der Luft verharren.

Das Taubenschwänzchen ist in ganz Europa zu finden. Es überwintert als Schmetterling, verträgt aber keinen Frost. Neben den Tieren, die bei uns überwintern, kannst du im Sommer Tiere finden, die als Wanderfalter aus Südeuropa zu uns kommen. Da der Falter tagaktiv ist, kannst du ihn leicht im Garten beobachten, wie er aus Blüten von Petunien, Geranien, Phlox oder Bartnelken Nektar saugt.

Vorteil Schwirrflug

Typisch für das Taubenschwänzchen ist der Schwirrflug: Dabei verharrt es nur sehr kurz vor jeder Blüte, um so in einer Minute von mehr als 20 Blüten Nektar aufzunehmen. Dazu kommt ein weiterer Vorteil: Da sich das Taubenschwänzchen beim Fressen nicht auf der Blüte niederlässt, ist es gut vor getarnten Fressfeinden, zum Beispiel Spinnen, geschützt, die im Inneren der Blüte lauern könnten.

Totenkopfschwärmer

Totenkopfschwärmer – das klingt höchst furchterregend! Auffällig ist nicht nur seine Größe, sondern die Zeichnung am oberen Rücken, die an einen Totenkopf erinnert. Die lang gestreckten schwarzen Vorderflügel tragen ein grau-beiges Marmoriermuster; die Hinterflügel sind gelb mit je einem braunen Streifen am Rand. Der Körper des Falters ist gelb-schwarz geringelt. Die gelbgrüne Raupe trägt ein kleines Horn am Hinterleib.

 10 – 13,5 cm

bis 12,5 cm

Mai – Anfang September

Honig-Liebhaber

Der Saugrüssel des Totenkopfschwärmers ist verhältnismäßig kurz – nur 15 Millimeter lang, aber sehr kräftig. Damit kann er Bienenwaben (ähnlich einem Dosenöffner) durchstechen und aussaugen. Die Bienen lassen sich beim Eindringen des Falters täuschen, da er Geruchsstoffe aussendet, die auch Honigbienen besitzen, sodass die Wachen am Eingang nicht aktiv werden. Zusätzlich gibt der Totenkopfschwärmer beim Eindringen in den Bienenstock zirpende Laute von sich, die angriffshemmenden Lauten der Bienen ähneln.

Wie die Raupe des Weinschwärmers trägt auch die des Totenkopfschwärmers einen Dorn am Ende.

Der Totenkopfschwärmer ist im Mittelmeerraum beheimatet. Als Wanderfalter kommen immer wieder einige Tiere im Sommer über die Alpen und verbreiten sich bis ins südliche Nordeuropa.

Roseneule

Eine Roseneule erkennst du an dem großen hellbraunen Kopf, den grauen Vorderflügeln, die in der Ruhestellung stark nach hinten gerichtet sind und die Hinterflügel komplett bedecken, sowie den jeweils fünf ovalen, zart rosafarbenen oder beigen Flecken auf den Flügeln. Die Hinterflügel sind einheitlich graubraun. Die Roseneule wirkt insgesamt kompakt. Das liegt an ihrer Form: Die beiden Flügelpaare mit dem Kopf an der Spitze bilden ein gleichschenkliges Dreieck.

 bis 4 cm

 bis 3 cm

 Ende Mai–Ende August

Raupe der Roseneule

Geschickte Tarnung

Das schwarz-weiße Fleckenmuster auf den Flügeln ist im Gebüsch, wo sich die Roseneule zwischen Licht und Schatten aufhält, perfekt. Eine andere Art der Tarnung verfolgt die Raupe, die rötlich bis braun gefärbt ist und mehrere beigefarbene Höcker sowie einen weißen Fleck auf dem Hinterteil besitzt. Und weil sie außerdem häufig eine gekrümmte Haltung annimmt, sieht sie ein wenig aus wie getrockneter Vogelkot!

Du suchst Roseneulen auf Rosen? Fehlanzeige – Roseneulen findest du am leichtesten überall, wo es Himbeer- und Brombeersträucher gibt, also in Parks, an Waldrändern und in Gärten. Die Roseneule ist in ganz Europa heimisch und kommt sogar ziemlich häufig vor.

Weidenbohrer

Der Weidenbohrer ist ein dicker, sehr großer Falter mit einem mächtigen Kopf. Dennoch ist er leicht zu übersehen: Das liegt an seiner grau-braun marmorierten Flügelzeichnung, die von feinen schwarzen Querlinien unterbrochen ist. Damit ist er kaum von Baumrinde, an der er während seiner Ruhepausen gern sitzt, zu unterscheiden. Und weil er die Flügel dann ganz eng an den Körper anlegt, sieht er einem kleinen abgebrochenen Ast zum Verwechseln ähnlich.

 **6,5–8 cm**

 **bis 10 cm**

 **Ende Mai–Anfang August**

Der Weidenbohrer ist gut getarnt.

Weidenbohrer, der Name verrät es schon, findest du auf Weiden – doch nicht nur dort. Ihr Lebensraum sind Auwälder. Dort halten sie sich auf Pappeln, Ulmen, Erlen, Hängebirken und anderen Laubbäumen auf. Der Weidenbohrer ist in ganz Europa verbreitet und häufig.

Weidenbohrer-Raupen überwintern zwei- bis viermal, bevor sie sich verpuppen und zu Faltern werden.

Gefräßige Raupen

Weidenbohrer-Weibchen legen ihre Eier an der Rinde abgestorbener oder kranker Bäume ab. Anfangs fressen die Raupen die Rinde, später dringen sie in das Holz ein, wo sie bis zu zwei Zentimeter breite Fraßgänge anlegen. Nach zwei bis vier Jahren sind die Raupen, die bis zu zehn Zentimeter lang werden, fertig zum Verpuppen. Ob ein Baum befallen ist, kannst du „erschnuppern": Die Raupen entwickeln einen so intensiven Essiggeruch, dass befallene Bäume danach riechen!

Activity-Ideen

Schmetterlings-Balkon-kasten oder -wiese anlegen

Du möchtest Schmetterlinge auf deinem Balkon oder im Garten beobachten? Dann lock sie mit den richtigen Pflanzen an! Schmetterlinge brauchen Blütenpflanzen. Ideal sind heimische Wildblumen. Eine besondere Anziehungskraft haben aber auch bestimmte Zierpflanzen. Dazu zählen zum Beispiel Lavendel, Sonnenhut, Wild-Dahlien, Bartnelken und Herbstastern.

Dazu brauchst du:

- 1 Balkonkasten
- Blumenerde
- Sand
- Samen von heimischen Blumen, zum Beispiel aus einer Samentüte mit Wildblumen

Und so geht's:

1. Gib die Blumenerde in den Balkonkasten. Schütte ein paar Handvoll Sand darauf und vermenge die Erde und den Sand. So enthält der Boden, auf dem die Blumen gedeihen sollen, nicht mehr so viele Nährstoffe – die Erde wird „mager".

2. Nimm die Samen und streu sie auf das Erde-Sand-Gemisch. Achte dabei auf den richtigen Abstand zwischen den Samenkörnern! Diesen findest du auf der Samen-tüte vermerkt.

3. Gieß den Kasten und stell ihn an einen sonnigen Platz.

4. Noch einfacher kannst du eine Schmetterlingswiese anlegen. Es geht von selbst! Wenn ihr zu Hause einen Rasen habt, dann bitte deine Eltern, ihn nicht mehr zu düngen und nur noch alle paar Monate zu mähen. Dann siedeln sich bald immer mehr Blütenpflanzen an, die Schmet-terlinge anlocken.

5. Oder – für Eilige: Stich im Rasen kleine Flächen aus, misch Blumen- mit Grassamen, Sand und ein wenig Erde und verteil das Gemisch auf den ausgestochenen Flächen. So entstehen „Blumeninseln" für die Schmetterlinge!

Raupe basteln

Verschönere dein Fenster mit Fensterbildern aus bunten Raupen!

Dazu brauchst du:

- 1 weißes DIN-A4-Blatt
- Wasserfarben, Pinsel und Becher
- Lineal und Bleistift
- 1 kleineres farbiges Blatt
- 1 Becher als runde Vorlage
- 1 Schere, Klebstoff

Und so geht's:

Der Körper: Falte das weiße DIN-A4-Blatt der Länge nach in der Mitte und öffne es wieder. Nimm nun den Pinsel und tropf ein paar Farbkleckse aus dem Farbkasten in die Knickfalte. Falte das Blatt kurz zusammen und öffne es erneut. Du siehst: Die Zeichnung beziehungsweise das Muster ist – wie bei den Raupen in der Natur – auf der rechten und linken Körperseite gleich. Lass das Blatt trocknen. Sobald die Farbe nicht mehr verwischt, legst du es wieder zusammen. Zieh mit dem Bleistift und dem Lineal eine Linie etwa einen halben Zentimeter neben die Knickkante. Schneide das gefaltete Blatt entlang der Linie und öffne die Faltung. Um dem Körper mehr Stabilität zu geben, kannst du ihn im Zickzack falten.

Der Kopf: Leg deine Kreis-Vorlage auf das farbige Blatt und umrande es mit dem Bleistift. Schneide den Kreis aus. Jetzt kannst du Augen auf den Raupenkopf zeichnen! Kleb den Raupenkopf an den Raupenkörper – fertig!

Variante

Auf dieselbe Art kannst du jede Menge Fantasie-Raupen und Blätter basteln und ans Fenster hängen!

Kleines Nachtpfauenauge züchten

Möchtest du erleben, wie aus einem Schmetterlingsei ein Schmetterling entsteht? Mit diesem Experiment kannst du Schmetterlinge züchten!

Dazu brauchst du:

- Eier des Kleinen Nachtpfauenauges
- Küchenpapier
- Zweige und Blätter von Weide, Brombeere, Himbeere oder Rose
- 1 kleines durchsichtiges Gefäß mit Deckel
- Schere
- 1 großes durchsichtiges Gefäß mit Deckel
- Pinsel

Und so geht's:

1. Leg den Boden des großen Gefäßes mit Küchenpapier aus und verteil die Eier darauf. Du bekommst sie von einem Züchter, den du über das Internet finden kannst. Nach acht bis 14 Tagen schlüpfen die Raupen. Zum Füttern brichst du kleine Zweige von den oben genannten Pflanzen ab. Damit sie lange frisch bleiben, brauchen die Zweige Wasser.

2. Bohr mit Hilfe eines Erwachsenen ein Loch in den Deckel des kleinen Gefäßes. Füll es mit Wasser und steck die Zweige durch das Loch im Deckel hinein.

3. Stell nun das Futter in das große Gefäß zu den Raupen. Platziere die Raupen mit dem Pinsel vorsichtig auf den Blättern.

4. Wechsle das Futter und das Wasser regelmäßig und reinige den Behälter von dem Kot, der sich auf dem Küchenpapier sammelt, sonst kann sich ein Raupendurchfall entwickeln.

5. Nach etwa acht Wochen – die Raupen haben sich in dieser Zeit mehrmals gehäutet – verpuppen sie sich und bilden Kokons. Jetzt musst du bis in den April des nächsten Jahres warten, dann schlüpfen die Falter!

Nachtfalter anlocken

Viele Nachtfalter sind nur schwer zu entdecken. Und wenn, dann schwirren sie oft wild um eine Lichtquelle und sind dort auch kaum zu unterscheiden. Wenn du Nachtfalter in Ruhe beobachten möchtest, kannst du sie mit einem süßen Schmetterlingsköder anlocken.

Dazu brauchst du:

- dunkles Malzbier
- Zucker oder Honig oder Sirup
- 1 Schüssel
- 1 Kochlöffel
- 1 breiten Pinsel
- 1 schwach leuchtende Taschenlampe

> **Weitere Leckermäuler**
>
> Mit dem Schmetterlingsköder kannst du auch verschiedene Käferarten gut anlocken und beobachten!

Und so geht's:

1. Schütte das Malzbier in die Schüssel und füge den Süßstoff (Zucker, Honig, Sirup) hinzu. Misch die Flüssigkeit gut durch und achte darauf, dass sie streichfähig ist. Denk daran, dass der Geschmackssinn der Falter 2000-mal empfindlicher als der des Menschen ist. Es reicht völlig, wenn du einen oder zwei Löffel Zucker oder einen anderen Süßstoff beimengst!

2. Geh am Abend an einen Baumstamm und pinsle ihn mit der Flüssigkeit ein. Warte, bis es dunkel wird. Nimm nun die schwach leuchtende Taschenlampe und sieh nach, ob und welche Nachtfalter mit ihrem Saugrüssel von dem Köder naschen!

Topfumrandung mit Raupensteinen basteln

Raupen lieben Brennnesseln – viele Schmetterlingsarten wie der Kleine Fuchs, das Tagpfauenauge oder der Admiral legen ihre Eier darauf ab, ihre Raupen ernähren sich von den Blättern. Leider sind Brennnesseln für uns unangenehm – sie brennen, wenn wir sie berühren! Trotzdem brauchen Schmetterlingsfreunde nicht auf sie zu verzichten. Es ist ganz leicht: Wir kultivieren Brennnesseln in einem großen Topf. Damit sie hübsch aussehen und ein wenig von ihrem Schrecken verlieren, verschönern wir den Topf mit einer Umrandung aus Raupensteinen!

Dazu brauchst du:

- 40 etwa gleich große, flache, rund geschliffene Steine, Durchmesser etwa 3 Zentimeter
- 1 großen Tontopf
- ein Stück dünne Schnur, etwa 50 Zentimeter lang
- Acrylfarbe
- Pinsel
- Steinkleber
- Komposterde und etwas Sand
- 1 kräftige Brennnesselpflanze

Und so geht's:

1. Nimm deine Steine und reihe sie dicht aneinander. Jeder Stein steht für einen „Wulst", also ein Segment der Raupe; dazu kommt der Kopf. Leg eine Schnur oben am Rand um den Topf. Wie lang ist das Stück? Vergleich es mit der Länge deiner Steinreihe und füge Steine hinzu, wenn die Steinreihe kürzer als der Abschnitt der Schnur ist.

2. Wähl die Farben aus: Wenn die Umrandung wie eine echte Raupe aussehen soll, sollten die Steine der Raupe gleich gestaltet sein. Am Kopf kannst du Augen und Mund draufmalen. Bei einer Fantasie-Raupe kannst du jeden Stein verschieden bemalen.

3. Trag auf jeden Stein erst die Grundfarbe auf. Warte, bis sie getrocknet ist. Mal dann mit einem anderen Pinsel das Muster auf. Lass die Steine gut trocknen.

4. Kleb nun die Raupensteine mit Steinkleber außen auf den Rand des Topfes.

5. Jetzt kannst du den Topf bepflanzen: Füll unten weitere Steine ein. Die Steine sorgen dafür, dass das Wasser gut abfließen kann und die Wurzeln nicht in der Staunässe stehen und faulen. Dann mischst du frische Komposterde mit ein wenig Sand und füllst den Topf damit auf. Setz die Brennnesselpflanze in die Mitte und gieß sie vorsichtig. Stell den Topf an eine windgeschützte, halbschattige Stelle im Garten oder auf dem Balkon. Nun heißt es nur noch auf die Schmetterlinge und Raupen warten ...

Wichtige Pflanze

Brennnesseln sind der Lebensraum von über 100 Insektenarten, darunter Schlupfwespen, Spinnen oder Raubwanzen! Einige Schmetterlingsarten, zum Beispiel das Tagpfauenauge und der Kleine Fuchs, fressen sogar Brennnesseln!

Schmetterlingskekse backen

Die Backidee für Frühling und Sommer: Wenn die Schmetterlinge durch die Lüfte flattern, ist es Zeit, Schmetterlingskekse zu backen. Ein besonderer Spaß ist das Verzieren – hier kannst du nach Lust und Laune deiner Fantasie folgen!
Beim Backen solltest du dir von einem Erwachsenen, der mit dem heißen Ofen umgehen kann, helfen lassen.

Dazu brauchst du:

Zutaten für den Teig und das Backen:
- 250 Gramm feines Weizenmehl; dazu etwa 1 Esslöffel Mehl für das Ausrollen des Teiges
- ½ Teelöffel Backpulver
- 50 Gramm Zucker
- 1 Prise Salz
- 1 Ei
- 125 Gramm kalte Butter

Zutaten zum Verfeinern je nach Geschmack:
- 1 Esslöffel gemahlene Mandeln oder
- fein geriebene Schale von einer unbehandelten Orange oder
- Vanille aus einer Vanilleschote

Materialien für das Backen und Verzieren:
- eine große Schüssel zum Mischen und Kneten der Zutaten
- 1 Messer
- 1 Teller
- 1 Backblech
- 1 Backpapier-Zuschnitt
- 1 Backbrett
- 1 Teigrolle
- 1 Schmetterlings-Ausstechform
- 1 Backpinsel
- bunte Zuckerperlen
- 1 kleine Schüssel
- 100 Gramm Puderzucker
- 2 Esslöffel Zitronensaft

Und so geht's – das Backen:

1. Gib das Mehl, das Backpulver, den Zucker, die Zutaten zum Verfeinern und die Prise Salz in die große Schüssel und vermisch alles mit den Händen.

2. Halbier ein Stück Butter (250 Gramm). Nimm eine Hälfte und schneide sie in kleine Stücke. Gib die Butterstücke in die Mischung.
3. Nimm das Ei und schlag es über der Mischung auf. Verknete alles zu einem festen Teig.
4. Form den Teig zu einer Kugel. Leg einen Teller auf die Schüssel und lass den Teig im Kühlschrank eine Stunde kalt werden.

5. Verteil ein wenig Mehl auf dem Backbrett und reibe die Teigrolle mit Mehl ein. Roll den Teig etwa drei Millimeter dick aus.
6. Nimm die Schmetterlings-Ausstechformen und stich die Kekse aus.
7. Gib das Backpapier auf das Backblech und leg die Kekse darauf.

8. Back die Kekse im Ofen acht bis zehn Minuten mit Umlufthitze bei etwa 175 Grad.
9. Bitte einen Erwachsenen, dass er das Backblech nach der Backzeit aus dem Ofen nimmt. Lass die Kekse auskühlen.

Und so geht's – das Dekorieren:

1. Gibt den Puderzucker und den Zitronensaft in die kleine Schüssel und vermisch sie mit dem Pinsel – fertig ist der Zuckerguss.
2. Bestreich die Flügel der Kekse damit.
3. Streu die Zuckerperlen auf die Flügel und lass die Kekse trocknen.

Bunter Zuckerguss

Wenn du die Schmetterlinge nicht so bunt magst, kannst du den Zuckerguss mit farbigen Säften anrühren – mit Karottensaft wird er zartorange, mit Rote-Bete-Saft schön rot, mit Blaubeersaft blau!

Raupe aus Toiletten-papier-Rollen basteln

Raupen kriechen den ganzen Tag auf der Suche nach Grünem und fressen. Hast du schon einmal beobachtet, wie sich eine Raupe fortbewegt? Sie schiebt zuerst ihr Körperinneres Richtung Kopf. Dann hebt sie ihren Hinterleib und setzt ihn weiter vorn wieder auf. Dann hebt sie die mittleren und zuletzt die vorderen Füßchen und setzt sie ebenfalls weiter vorn wieder auf … Raffiniert! Mit Toilettenpapier-Rollen kannst du die Kriechbewegung einer Raupe nachbasteln.

Dazu brauchst du:

- Zeichenblock
- Malkasten, Pinsel und Becher
- 4 Toilettenpapier-Rollen
- Messer
- Kinderschere
- langes Lineal
- Bleistift
- Klebestift
- lösemittelfreien Bastelkleber
- Filzstifte
- Flaschenkorken
- eventuell Pfeifenputzer

Und so geht's:

1. Welche Farbe soll deine Raupe haben – leuchtend grün oder dunkel gemustert? Bemal zwei Blätter in deinem Zeichenblock damit und lass die Blätter trocknen.
2. Für die Segmente schneidest du die Toilettenpapier-Rollen mit einem Messer in der Mitte durch, sodass du zwei kleine Rollen erhältst. Du hast dann acht Rollen, jede davon ist etwa fünf Zentimeter breit.
3. Schneide die bemalten Zeichenblätter in fünf Zentimeter breite Streifen. Miss die Breite mit einem Lineal ab. Zieh dafür Linien; sie helfen dir, die Streifen gerade zu schneiden.

4. Nimm eine Toilettenpapier-Rolle und trage mit dem Klebestift großflächig Kleber auf. Wickle einen bemalten Papierstreifen um die Rolle und drück das Papier auf. Beklebe alle acht Rollen auf diese Weise – jetzt sind die Raupen-Segmente fast fertig.

5. Kleb die Raupen-Segmente mit Bastelkleber aneinander. Besonders naturgetreu wird deine Raupe, wenn du die Teile so anordnest, dass sich die Raupe in der Mitte nach oben krümmt.

6. Wo ist der Kopf, wo der Hinterleib? Zeichne auf die Kopf-Rolle mit Filzstift zwei Augen und einen Mund.

7. Für die Beine schneidest du zwei Flaschenkorken in dünne, runde Scheiben. Kleb jeweils zwei Beine nebeneinander an die Unterseite der Raupe.

Borstige Variante

Es gibt einfarbige und bunte Raupen, nackte Raupen und Raupen mit Borsten auf dem Rücken. Mit ein paar Pinselstrichen kannst du deine Raupe auffällig gestalten. Oder schneide Pfeifenputzer-Stäbchen in kleine Stücke und kleb sie auf den Rücken der Raupe – fertig sind die Borsten!

Schmetterlings-Origami

Frühlingszeit ist Bastelzeit! Lust auf eine neue Osterdekoration? Dann überrasch deine Familie mit bunten Schmetterlingen am Oster-strauß oder auf dem Osterfrühstückstisch!

Dazu brauchst du:

- gut faltbares, dünnes Papier, am besten Origami-Faltpapier
- Filzstifte in verschiedenen Farben
- 1 dicke Nadel
- Nylonfaden, circa 30 Zentimeter lang
- 1 Schere
- 1 Rolle transparentes Klebeband

Und so geht's:

1. Nimm ein quadratisches Stück Papier und falte die rechte untere Ecke auf die linke obere Ecke und dann die linke untere Ecke auf die rechte obere Ecke, sodass ein Falt-kreuz entsteht.

2. Falte das Blatt der Länge nach, sodass eine gerade Faltlinie in der Mitte des Blattes zu sehen ist.

3. Entfalte das Blatt wieder und lege es so vor dich, dass die Faltlinien unten liegen.

4. Nimm jetzt die letzte Faltlinie, die du gerade gemacht hast, und drück sie nach unten, sodass sie sich auf der anderen Seite des Blattes berühren. Drück das Blatt leicht zusammen, wenn es von oben wie ein Dreieck aussieht.

 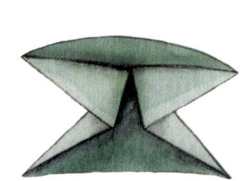

5. Klapp nun die linke und die rechte Ecke des Dreieckes nach oben. Dreh anschließend das ganze Blatt so um, dass die Rückseite mit der Spitze zu dir liegt.

6. Knick die Spitze des Dreieckes nach oben, sodass eine kleine Spitze übersteht. Knick danach diese Spitze um die Kante herum, dass sie sich nicht löst.

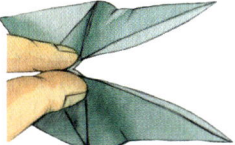

7. Knick den Schmetterling nun in der Mitte leicht zusammen – fertig!

8. Wenn du Lust hast, kannst du deinen Schmetterling mit Filzstiften farbig verzieren. Achte darauf, dass du die Flügel gleich gestaltest, damit die Schmetterlinge naturgetreu wirken.

9. Bastle mehrere Schmetterlinge für eine bunte Osterdekoration.

10. Stich mit der Nadel zwei kleine Löcher in den Rumpf des Schmetterlings, also in den Knick in der Mitte. Nimm ein etwa 30 Zentimeter langes Stück vom Nylonfaden, fädle es durch die Löcher und knote den Faden zu einer Schlinge. Nun kannst du den Schmetterling aufhängen – zum Beispiel mit etwas Klebeband am Fenster, das heißt oben am Fenstersturz, oder am Osterstrauß …

Schmetterlings-Tischkarten

Bekommt ihr an Ostern Besuch? Dann kannst du mit deinen Origami-Schmetterlingen den Ostertisch schmücken. Und für alle gibt es Schmetterlings-Tischkarten mit dem Namen als Extra dazu!

Seedbombs mit Samen für Schmetterlings- pflanzen selbst machen

Ein Frühlings-Bastelspaß für alle, die gerne kneten und formen – Samenbomben! Doch keine Angst, diese „Bomben" sind völlig ungefährlich: Seedbombs, so die englische Bezeichnung für Samenbomben, sind kleine Kugeln, die deinen Garten in ein blühendes Schmetterlingsparadies verwandeln! Los geht's – es ist ganz einfach und (fast) alles, was du dazu brauchst, hast du zu Hause. Frag aber vorher deine Eltern, ob und wo du die kleinen Samenbomben im Garten hinwerfen darfst.

Dazu brauchst du:

- 1 großen Eimer
- 1 Schüssel reife, feuchte Erde ohne Regenwürmer und Käfer vom Komposthaufen
- 1 Schüssel torffreie Blumenerde
- 1 kleine Schüssel Sand
- 1 kleine Schüssel Tonerde aus dem Bastelladen (wenn du magst)
- 3 Tüten Samen von Schmetterlingsblumen, die bei uns in der Natur vorkommen, alternativ: Samen von Blumen aus dem eigenen Garten, die du im Herbst mit einem Erwachsenen geerntet hast
- leere Eierkartons
- Wasser

Und so geht's:

1. Sieb deinen Kompost; nimm von der frischen Komposterde eine Schüssel voll und leer sie in den Eimer.

2. Gib eine Schüssel voll Blumenerde dazu.

3. Füg eine kleine Schüssel Sand in den Eimer hinzu.

4. Gib, wenn du möchtest, eine Handvoll Tonerde dazu.

5. Streu die Samen von Schmetterlingsblumen darüber.

6. Vermisch die Masse mit deinen Händen.

7. Gib ein wenig Wasser dazu und knete die Masse vorsichtig, bis eine Art „Erdteig" entsteht. Form daraus etwa walnussgroße Kugeln – so werden Seedbombs gemacht!

8. Leg die feuchten Seedbombs in die Vertiefungen von leeren Eierkartons.

9. Lass die Seedbombs an einem kühlen, luftigen Ort trocknen.

10. Warte, bis es im Spätfrühling ab Mitte Mai an einem warmen Tag regnet. Das ist der beste Zeitpunkt, um die Seedbombs zu werfen! Im Regen werden die Seedbombs durch-feuchtet und die Samen können keimen und zu Pflanzen für die Schmetterlinge heranwachsen … Am besten gedeihen Seedbombs an Stellen im Garten, wo bisher nichts wächst: Dort haben die Samen genügend Licht, um zu keimen, und Platz, um zu wachsen.

Nützlicher Spaß für Kinder

Seedbombs basteln und später werfen – der perfekte Spaß für die Kindergarten-gruppe oder den Kindergeburtstag: Vereinbart vorab, an welcher Stelle im Garten ein Blumenbeet entstehen soll. Dann stellt ihr euch in einiger Entfernung auf und werft eure Seedbombs auf die Fläche! Vorsicht: Du darfst deine Seedbombs nicht in Nachbars Garten werfen – das ist nicht erlaubt und es kann Ärger geben.

Schmetterlingsspirale bauen

Gartenfreunde aufgepasst: Mit einer Schmetterlingsspirale könnt ihr auf kleinem Raum viele verschiedene Pflanzen anbauen, die Schmetterlinge und ihre Raupen lieben.

Dazu brauchst du:

- einen sonnigen Platz im Garten, etwa 3 Quadratmeter groß
- 1 kleinen Stock
- 1 Stück Schnur, 150 Zentimeter lang
- 1 große Schaufel und 1 Spaten
- mehrere Eimer Kies, dazu Sand, reife Erde ohne Regenwürmer und frischen Kompost, in dem es von kleinen Tieren nur so wimmelt
- 5 Eimer große Steine oder massive Ziegel
- Pflanzen für die Schmetterlingsspirale

Und so geht's:

1. Wo willst du die Schmetterlingsspirale bauen? Wähl mit deinen Eltern eine flache, sonnige und windgeschützte Stelle in eurem Garten aus. Der Platz sollte mehrere Quadratmeter groß sein.

2. Für den Grundriss steckst du den Stock in die Mitte des Platzes. Bind die Schnur daran und geh mit der Schnur im Kreis. Ein Erwachsener geht mit dir und markiert mit dem Spaten einen Kreis im Boden – so groß wird deine Schmetterlingsspirale!

3. Grab mit deinem Helfer die Erde in der Kreisfläche etwa 20 Zentimeter tief aus und füll die Fläche mit Kies.

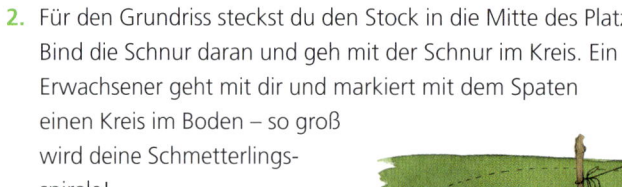

4. Jetzt sind die großen Steine an der Reihe! Leg die Steine in Form einer Spirale: Beginn am Rand des Kreises und zieh den Kreis nach innen immer enger … Die Spirale sollte zwei Windungen haben.

5. Bau die Spirale als Trockenmauer: Auf die erste Steinreihe kommt eine zweite und eine dritte Reihe und weiter innen noch mehr Reihen – achte darauf, dass die Spirale in der Mitte höher wird als am Rand.

6. Füll den Zwischenraum mit Kies.

7. Misch reife Erde mit dem Sand und dem Kompost und gib das Substrat, das heißt die Erde-Kompost-Sand-Mischung, auf den Kies. In der Mitte ist es am trockensten – hier solltest du mehr Sand in das Gemisch geben als unten in der Spirale.

8. Warte, bis es regnet und sich dein Bauwerk setzt. Füll Substrat nach.

9. Was willst du pflanzen? Oben, wo es am trockensten ist, passen zum Beispiel Polster-seifenkraut, Thymian und Karthäuser-Nelke, weiter in der Mitte kannst du Schnittlauch, Wiesen-Schafgarbe oder Wilde Malve pflanzen, am Eingang der Schmetterlingsspirale fühlen sich Pflanzen wie der Gundermann und der Kriechende Günsel wohl.

Überlebenshilfe

Was ist mit den Raupen? Wo legen Schmetterlinge ihre Eier ab? Setz am besten auch solche Pflanzen ein, die die Schmetter-linge in ihrem ganzen Lebens-zyklus brauchen, zum Beispiel Kohl und Dill als Futterpflanze für die Raupen oder Rotklee – hier legen viele Falter ihre Eier ab!

Überwinterungsmöglich- keit für Schmetterlinge

Schmetterlinge sehen sehr zart aus. Wie kommen sie über den Winter? Jede Art hat ihre eigene Strategie! Beim Apollofalter überwintern nur die Eier, andere, darunter der Schwalbenschwanz, überleben als Puppe und ein paar wenige Arten überstehen die Kälte als Falter – die bekanntesten sind der Kleine und der Große Fuchs, der Zitronen- falter und das Tagpfauenauge. Damit es in jedem Frühjahr wieder Schmetterlinge gibt, kannst du ihnen mit einem Unterschlupf aus Reisig über den Winter helfen!

Dazu brauchst du:

- Äste und Zweige in verschiedener Länge, etwa vom Schnitt von Hecken
- weitere Pflanzenreste, zum Beispiel ausgegrabene Wurzeln von abgestorbenen Pflanzen, die du ausgegraben und mit einer neuen Pflanze ersetzt hast
- Laub

Und so geht's:

1. Schichte zunächst die großen Äste locker aufeinander, sodass sie unten Hohlräume bilden.

2. Leg dünnere Zweige auf den Asthaufen.

3. Bedeck den Ast- und Zweighaufen locker mit Laub.

Falter mögen es kalt

Wichtig ist, dass es die Falter, egal in welchem Stadium ihrer Entwicklung sie überwintern, kalt haben. Solltest du einen Falter im Haus finden, bring ihn am besten ganz vorsichtig in den Garten zu deinem Haufen – dort ist die Chance, dass er den Winter überlebt, am größten.

Naturquiz

Wie gut kennst du dich mit Schmetterlingen aus? Teste dein Wissen mit unserem Naturquiz! Die Lösungen findest du auf Seite 95.

1. Wie viele Schmetterlingsarten leben bei uns in Mitteleuropa?
- **a)** 190
- **b)** 3700
- **c)** 10.000

2. Warum haben manche Schmetterlingsarten keinen Saugrüssel?
- **a)** Die Gentechnik schädigt das Erbgut, Körperteile bilden sich zurück.
- **b)** Sie nehmen die Nahrung mit ihren Beißwerkzeugen auf.
- **c)** Sie fressen nicht, sondern leben nur sehr kurz, um sich fortzupflanzen.

3. Was versteht man bei den Schmetterlingen unter Metamorphose?
- **a)** Aus der Raupe entwickelt sich durch eine vollständige Verwandlung im Puppenstadium ein Schmetterling.
- **b)** Die Raupe schlüpft aus dem Ei.
- **c)** Die Raupe häutet sich.

4. Warum werden Kohlweißlinge von Vögeln nicht gefressen?
- **a)** Vögel sind farbenblind und können die weißen Tiere nicht erkennen.
- **b)** Kohlweißlinge sind giftig.
- **c)** Kohlweißlinge stellen sich tot, sobald sich ein Vogel nähert.

5. Wozu dienen die Augenflecken auf den Flügeln vieler Tagfalter?
- **a)** Sie sollen Fressfeinde erschrecken oder täuschen.
- **b)** Mit den Augenflecken machen die Tiere auf sich aufmerksam, um Partner für die Fortpflanzung zu finden.
- **c)** In den Augenflecken sind Sensor-Zellen, mit denen die Tiere die Windgeschwindigkeit messen.

6. Warum sind viele Schmetterlings-arten selten geworden und stehen auf der Roten Liste der bedrohten Arten?

a) Aufgrund der Klimaerwärmung vertrocknen die Eier vieler Schmetterlingsarten im Sommer.

b) Bei der modernen Landwirtschaft mit ihrem oft einseitigen Anbau nur einer bestimmten Pflanze geht die Vielfalt der Pflanzen zurück; die Tiere finden immer weniger Lebensräume. Zusätzlich tötet das Gift, das für den Pflanzenschutz versprüht wird, viele Raupen und Eier.

c) Viele Schmetterlinge sind von der Varroamilbe, die für das Bienensterben verantwortlich ist, befallen.

7. Wie überwintern Schmetterlinge?

a) Es überwintern nur die Puppen, aus denen im Frühjahr die Schmetterlinge schlüpfen.

b) Es überwintern nur die Eier. Aus ihnen schlüpfen im Frühjahr, sobald die Pflanzen austreiben, Raupen.

c) Schmetterlinge können als Schmetterlinge, als Raupe, als Puppe oder als Ei überwintern. In welchem Entwicklungsstadium die Tiere über den Winter kommen, ist von Art zu Art verschieden.

Naturschutz und Rote Liste

Die Natur bietet nicht nur schöne Pflanzen, Tiere und Landschaften, sondern ist für uns Menschen auch die Grundlage unserer Existenz.

Doch je stärker die Bevölkerung wächst, desto mehr wird die Natur auch genutzt und belastet. Deshalb muss sie gezielt geschützt werden. Trotz aller Bemühungen sind viele Pflanzen und Tiere bis heute vom Aussterben bedroht.

Pflück keine Pflanzen und fang keine Tiere, die du nicht kennst. Es könnten geschützte Arten sein. Wenn du wissen willst, welche Arten besonders oder sogar streng geschützt sind, schau auf der Internetseite www.wisia.de nach.

Etwas ganz Besonderes ist die Rote Liste. Sie wird auch als Fieberthermometer des Naturschutzes bezeichnet. In der Roten Liste verraten uns Experten, welche Pflanzen- und Tierarten bei uns so stark im Bestand zurückgehen und nur noch so selten vorkommen, dass diese Arten bald aussterben könnten – wenn wir uns nicht um sie kümmern. Solche Arten kommen dann auf die Rote Liste gefährdeter Arten. Und Rot bedeutet einfach: Achtung! Aufpassen!

Willst du mehr über unsere Natur und ihren Schutz erfahren, dann mach mit bei den Naturdetektiven des Bundesamtes für Naturschutz. Geh im Internet einfach auf die Seite www.naturdetektive.de.

Die Erde braucht unseren Schutz.

Register

Lösungen Naturquiz:

1b, 2c, 3a, 4b, 5a, 6b, 7c

Ab nach draußen: Werde Naturdetektiv!

Spannendes Wissen rund um die heimische Tier- und Pflanzenwelt

96 Seiten
ISBN 978-3-8174-1898-5

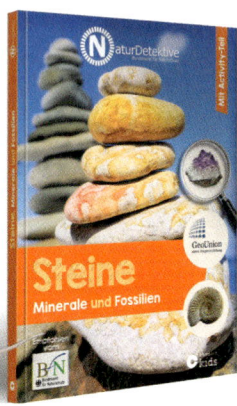

96 Seiten
ISBN 978-3-8174-1900-5

96 Seiten
ISBN 978-3-8174-1905-0

96 Seiten
ISBN 978-3-8174-1899-2

96 Seiten
ISBN 978-3-8174-1901-2

96 Seiten
ISBN 978-3-8174-1904-3